西南大学工商管理学科建设系列丛书（第一辑）

分析师跟踪在资本市场中的作用
——基于信息有效性与融资效率的视角

The Role of Analyst Following in the Capital Market:
From the Perspective of Information Validity and
Financing Efficiency

宫义飞　著

本书受西南大学经济管理学院学科建设经费专项资助计划资助，并受2016年度重庆市社会科学规划培育项目"重庆自贸区框架下内陆国际物流中心发展模式与路径研究"（批准号：2016PY42）、2016年度西南大学研究生教育质量提升项目"会计硕士案例库建设"（批准号：2016aljx003）、2019年西南大学中央高校基本科研业务费专项资金重点项目"以环境领跑者为导向的农业龙头企业绿色内部控制实现路径研究"（批准号：SWU1909314）的资助。

科学出版社
北　京

内容简介

长期以来，证券分析师被资本市场投资者冠以"股市黑嘴"的称号。本书通过系统性地研究证券分析师的市场功能，回答了证券分析师误导投资者的行为是否依然存在。除此之外，本书站在上市公司的角度，将证券分析师作为投资者关系管理的重要组成部分，研究其究竟给公司的融资带来了怎样的影响。本书站在科学研究的视角，利用统计数据分析技术，在烦琐冗长的数字背后，寻找二者之间的联系。本书行文表达简洁易懂，科普与趣味相得益彰，用科学的研究方法解决了读者的疑惑。

本书聚焦了散户或机构投资者非常感兴趣的问题，同时也是各大高校及科学研究所的科研工作者从事进一步科学研究的重要的参考文献资料。

图书在版编目（CIP）数据

分析师跟踪在资本市场中的作用：基于信息有效性与融资效率的视角/宫义飞著. —北京：科学出版社，2019.3
（西南大学工商管理学科建设系列丛书. 第一辑）
ISBN 978-7-03-060744-7

Ⅰ. ①分… Ⅱ. ①宫… Ⅲ. ①证券投资-研究 Ⅳ. ①F830.91

中国版本图书馆 CIP 数据核字（2019）第 043214 号

责任编辑：马　跃　李　嘉／责任校对：王丹妮
责任印制：张　伟／封面设计：无极书装

科学出版社 出版
北京东黄城根北街 16 号
邮政编码：100717
http://www.sciencep.com

北京盛通商印快线网络科技有限公司 印刷
科学出版社发行　各地新华书店经销

*

2019 年 3 月第　一　版　开本：720×1000　B5
2019 年 3 月第一次印刷　印张：8 3/4
字数：174000

定价：72.00 元
（如有印装质量问题，我社负责调换）

前　言

　　由西方的研究文献得知，证券分析师是成熟资本市场的重要力量，卖方证券分析师作为信息中介，联结着投资者和上市公司，是公司信息的重要传播者。为了有效地向市场输送信息，提高股票价格（以下简称股价）的信息含量，他们首先会密切跟踪上市公司，通过研读业绩报告、调研等广泛的渠道，尽可能地搜集和整理影响资产价格的各种市场信息及公司信息。其次，他们采用一定的估价方法和自身对行业公司的系统性理解，做出有价值的投资分析。最后，他们将含有盈余预测及投资建议等内容的研究报告发布给投资者，从而增加投资者认知的广度与深度，有效地保证市场流动性，提高公司的融资效率。

　　然而，众所周知，我国证券市场有别于美国成熟的资本市场，目前仍处于新兴加转轨阶段。证券分析师的前身被称为股评家，在起步阶段，由于没有健全的法律制度的约束，资本市场上出现大量误导投资者的股评家，其中部分股评家已成为股市噪声源。他们利用虚假信息误导投资者，通过与庄家相互勾结，操纵股价，严重损害了投资者的利益及其自身的声誉。尤其是证券市场上一系列内幕交易事件的曝光，这些以投资咨询为生的股评家再次被推到风口浪尖上，他们被贴上"股市黑嘴"的标签。直到 20 世纪 90 年代中后期，有一部分股评家开始分化出来，逐渐发展为现代意义上的分析师。随后，行业道德规范的出台及机构投资者的发展，尤其是 QFII（qualified foreign institutional investors，合格的境外机构投资者）制度的引入，使得卖方证券分析师时代真正到来。

　　伴随着证券分析师如火如荼的发展，他们是否摆脱了"股市黑嘴"的命运，或者说证券分析师误导投资者的系统性行为是否依然存在，这正是本书非常关心的问题之一。另外，本书非常关注的另一个问题是，当越来越多的上市公司热衷于投资者关系管理，尤其是积极吸引分析师的跟踪（或关注）时，我们不禁要问，上市公司为何如此重视分析师的关注，究竟分析师的关注为公司的融资带来了怎样的影响呢？本书在我国新兴加转轨的资本市场环境下，重新审视分析师跟踪的市场功能。

目前，国内在证券分析师的研究方面，因其行业发展的历史短，数据资源匮乏，仍处于起步阶段，缺乏系统性的分析，并且绝大多数的研究围绕分析师预测的信息内容及分析师预测较管理层预测、统计模型预测的相对准确性等问题展开。关于分析师跟踪的研究极少，因此，基于该问题的重要性及相关的研究还较为匮乏，尽快开展有关分析师跟踪与市场效率的实证研究，无论是对于增强人们对证券分析师这一我国资本市场新生事物的了解和认识，还是补充丰富该领域的研究，都具有十分重要的意义。

本书以档案研究为主要研究方法，通过分析证券分析师作为信息中介角色参与证券定价的过程，阐释证券分析师在实现证券市场信息效率及融资效率方面的独特作用。本书未从分析师预测的信息内容角度入手，而是以分析师跟踪这一重要指示变量为切入点，研究证券分析师在促进市场信息有效性方面发挥的作用。具体来说，证券分析师作为上市公司与投资者之间的信息桥梁，他们的跟踪（或关注）能否通过影响股价信息含量，提高信息传播效率，从而摆脱"股市黑嘴"的阴影呢？进一步地，分析师跟踪对公司的融资效率产生了怎样的影响？在这些问题的探讨中，本书重点考察分析师跟踪与融资效率的关系，即证券分析师在降低融资成本及融资模式的选择中是否有着实质性的影响力。在研究中，本书没有直接检验分析师跟踪与融资成本之间的关系，而是利用 Euler 投资方程模型从一个侧面推断得出。原因是，公司的投资现金流敏感性是与外部融资成本紧密相连的，同时 Euler 投资方程模型又将公司的投资与融资紧密地结合在一起，很好地揭示了公司的融资效率，与本书的研究非常吻合。

本书的研究内容分为七章，安排如下。

第 1 章为本书研究的问题提出，研究意义，研究思路、方法与结构安排。

第 2 章为理论依据与制度背景。为了更深入地对下文进行研究，第 2 章阐述相关的理论依据与制度背景。

第 3 章为文献回顾。第 3 章按照行文思路对涉及的经典文献进行回顾，对前人的研究进行系统的整理与总结，并从中发现成熟资本市场上的财务金融学者对分析师跟踪的研究较多，而新兴资本市场对分析师跟踪的研究较少。

第 4 章为本书实证研究的主体部分之一，主要研究分析师跟踪与信息效率的关系。目前学者们就证券分析师究竟向投资者提供的是市场层面的信息抑或是公司层面的信息展开了热烈的讨论。该部分利用股价同步性作为股价信息含量的代理变量，检验证券分析师能否通过跟踪上市公司，挖掘并向市场释放公司特质信息，而非市场信息，由此影响股价信息效率。研究结果表明，证券分析师向市场提供了公司层面信息，降低了公司与外部投资者之间的信息不对称程度，提高了股价信息含量。另外，研究也发现分析师跟踪能够有效减少股价暴跌现象。

第 5 章为分析师跟踪是否能缓解公司的融资约束。具体来说，第 5 章主要研究证券分析师能否通过影响公司内外部投资者之间的信息不对称程度，降低公司的融资成本，缓解公司的融资约束，从而影响公司的融资效率。该部分的实证研究以 FHP[①]模型的投资现金流敏感性与融资约束的相关关系为基础，在 Euler 投资方程模型里加入分析师跟踪变量，通过观察投资现金流敏感性的变化以验证我国的证券分析师是否有助于缓解公司的外部融资约束。在研究中，以终极控制人性质进行分组检验，在 Gugler（2003）的研究基础上，根据我国的实际情况，将政府干预程度较弱的国有控股公司界定为融资约束组，将民营控股公司及政府干预程度较为严重的国有控股公司定义为代理冲突组，通过实证检验得出，分析师跟踪能够通过影响公司的信息不对称程度缓解公司的外部融资约束。本书的研究结果为上市公司管理层应重视并积极实施投资者关系管理提供了经验证据。

第 6 章为研究分析师跟踪、信息不对称与债务/权益融资选择。第 6 章主要研究分析师跟踪具体如何影响公司的融资能力及融资结构安排。具体地说，其对债务融资（债务融资率的高与低）、权益融资（权益融资额大小）如何影响？该部分主要采用 OLS（ordinary least square，普通最小二乘）模型与 Mlogit 模型进行实证分析，在控制公司特征因素下，实证研究分析师跟踪对公司融资效率的影响。研究发现，分析师跟踪对于公司的权益融资具有显著影响，并且这种影响随着公司规模的不断增大而降低。另外，对于较大额权益发行而言，分析师跟踪人数越多，公司发行小额权益的概率越大；分析师意见分歧度与公司债务融资可能性呈正相关关系。其值越大，即分析师预测一致性越小，公司进行债务融资的可能性就越大。由此，从资本市场微观主体——证券分析师的市场功能着手，丰富企业融资决策研究的文献成果。

第 7 章为研究结论与启示。第 7 章对第 4~6 章主体结论进行归纳总结，并且指出研究中无法克服的困难及研究局限性，同时也拓展了未来的研究方向。

本书的创新点主要体现在以下几个方面。

（1）目前，国内关于分析师盈余预测和荐股的价值研究、我国证券分析师的信息来源及分析能力研究，以及分析师的利益冲突研究较多，而关于分析师跟踪或者分析师关注的研究很少。

与现有的大多数研究不同的是，本书基于我国转型经济的特殊国情背景，从资本市场信息有效性及资源配置效率的角度研究分析师跟踪的市场功能。现有的关于分析师跟踪的研究仅从单一的角度进行论证，本书不仅从资本市场信息有效性的角度进行论证，而且研究分析师跟踪对资产定价的影响，以及对公司融资结构的影响。因而本书的研究更系统、更全面。

（2）国内现有文献大多是从公司财务特征因素的角度研究其对资本结构的影

---

① FHP：指 Fazzari、Hubbard 和 Petersen。

响，如公司营利能力、公司规模、公司的成长性及资产结构等。鲜有文献研究公司的外部因素如何影响融资结构具体类型（债务融资比率的高与低、权益融资额大小等）。本书研究了在我国新兴资本市场环境下，作为扮演信息中介这一重要角色的证券分析师是否影响公司的融资决策。可以说，本书从资本市场微观主体——证券分析师的市场功能着手，丰富了现有的关于公司融资理论的研究成果。

（3）分析师跟踪、分析师预测准确性及分析师预测一致性是分析师预测属性的三个重要组成部分。国外关于分析师预测属性的研究无论是规范研究还是实证研究均较多。国内集中研究分析师预测属性的文献寥寥可数，并且现有的文献仅从规范研究的角度做出简单阐述。本书除了重点研究分析师跟踪的影响之外，也同时研究分析师预测准确性及分析师预测一致性的影响。因此本书的研究在现有文献的基础上又增添了一份可供参考的资料。

目　　录

第1章　导论	1
1.1　问题提出	1
1.2　研究意义	4
1.3　研究思路、方法与结构安排	6
第2章　理论依据与制度背景	11
2.1　理论依据	11
2.2　制度背景	21
第3章　文献回顾	34
3.1　分析师跟踪与信息效率的研究	35
3.2　分析师跟踪与公司融资约束之间的研究	39
3.3　分析师跟踪与公司融资方式选择的研究	43
第4章　证券分析师对股票价格信息含量的影响研究	48
4.1　理论分析与假说提出	49
4.2　研究设计与变量选择	53
4.3　实证分析与结果讨论	55
4.4　分析师跟踪与股价暴跌之间的关系	62
第5章　分析师跟踪能缓解公司的融资约束吗？	69
5.1　理论分析与假设提出	70
5.2　研究设计	75
5.3　实证检验	79
5.4　前期研究结论	84
5.5　研究结论	89
第6章　分析师跟踪、信息不对称与债务/权益融资选择	91
6.1　理论分析与假设提出	92
6.2　研究设计	94

6.3 实证检验结果 ··· 97
   6.4 稳健性检验 ··· 101
   6.5 研究结论 ··· 109
第 7 章 **研究结论与启示** ·· 111
   7.1 研究结论 ··· 111
   7.2 研究启示 ··· 112
   7.3 研究创新与贡献 ··· 113
   7.4 研究局限 ··· 114
   7.5 研究展望 ··· 115
参考文献 ··· 116
后记 ··· 129

第1章 导　论

1.1　问题提出

存在于企业与投资者之间的信息不对称程度决定了公司的融资成本及融资效率。信息有效性与融资效率二者之间不是孤立的，公司向外界释放的公司特质信息越多，它们面临的融资约束就越少。信息有效性与融资效率奠定了公司在行业乃至市场中的经济地位。信息有效性实际上指的是证券价格反映公司特质信息的有效性，一方面，它是衡量资本市场信息分布是否公平、交易是否规范透明及是否有效的遵循资本市场交易规则的重要前提条件。另一方面，它也是资本市场所处的发展阶段的重要特征。信息效率主要指的是投资者获得的信息都是一致的，并且是由公司充分披露的，另外也不存在非理性投资者，投资者都能理性的根据判断做出选择。同时，股价能够充分、及时的反映外界信息的变化。有效市场理论认为，只要所有与证券相关的信息被快速、完全地反映在资产价格中，那么证券市场就是有效的。

通常情况下，信息效率依赖三个条件：一是相关信息在投资者之间获得充分的披露和均匀的分布，不存在信息不对称现象；二是投资者能理性地制定投资决策；三是股价能自由地根据信息的变化而不断地进行调整，不会受到非竞争性因素的影响。

关于融资效率的定义，国内学者争论较多。曾康霖（1993）对融资效率有着深入而系统的研究。他在研究中分析了融资成本及融资效率的影响因素，并明确指出企业在面临各种融资方式的选择时，最终所采用的融资方式取决于公司的融资成本及融资效率。其他学者对于融资效率的定义主要包括以下两种：一种是狭义的融资效率，部分学者认为融资效率是与融资能力和融资成本相联系的，具体地说是与融资的大小及融资成本的高低有关联的。另一种是较为广义的融资效率，还包括配置效率或资金使用效率等，即融资效率不仅指上市公司在多种融资工具间选择某种低融资成本的融资方式或融资模式，而且能够对融通的资金有效地加以利用。

信息效率是实现融资效率的前提，只有让证券价格充分、有效地反映所有信息，才能有利于股票市场融资效率的提高。然而，摆在现实面前的一个问题是：究竟谁可以承担这一任务？

西方的研究文献证实证券分析师可以有效担当这一重任。他们作为上市公司与投资者之间信息沟通的桥梁（Keskek et al., 2014），在引导投资者进行有效理性的投资决策中发挥了重要的作用，同时能有效地提高公司的融资效率，最终影响证券市场的运行效率。关于这一点，西方学者从证券分析师作用的不同角度进行了研究。其一，证券分析师通过向市场发布所跟进公司的盈余预测和投资评级建议等信息，优化公司的信息环境，降低投资的不确定性，如 Merton（1987）的研究认为，分析师跟踪通过提高公司的透明度，增加潜在投资者对公司的认知度，进而影响股票的市场厚度，降低权益资本成本[①]，间接地提高公司的市场价值。Chung 和 Jo（1996）研究认为，在成熟的资本市场上，证券分析师不仅通过监督功能影响公司价值，还通过影响投资者的认知度提高公司价值。投资者只购买他们熟悉的股票，当然也有部分学者从股价信息传播效率的角度研究分析师跟踪的作用。Brennan 等（1993）研究认为，被更多分析师跟踪的公司，其股票定价引导了较少分析师跟踪的公司，并且分析师跟踪人数多的公司，其股价对信息的反应速度是分析师跟踪人数的增函数。Gleason 和 Lee（2003）、Ayers 和 Freeman（2003）等研究也得出了相同的结论。根据他们的研究，证券分析师对公司的跟踪研究可以促进该公司的信息传播，给市场提供更有价值的信息，进而影响股价的波动。其二，证券分析师跟踪有助于提升公司的股票流动性，进而提高公司的价值。Brennan 和 Subrahmanyam（1995）、Brennan 和 Tamarowski（2000）提出分析师跟踪通过降低股票的买卖价差来降低对回报率的预期，促进交易，提高公司的市场价值（Amihud and Mendelson, 1986; Amihud and Mendelson, 2000; Roulston, 2003）。其三，证券分析师具有监督作用，能够降低代理成本，提高公司的价值。例如，Chung 和 Jo（1996）研究认为，证券分析师的实际监督减少了现代公司理论下固有的所有权和控制权分离而导致的代理成本，潜在地削弱了 Jensen 和 Meckling（1976）提出的委托代理冲突的问题。Moyer 等（1989），Doukas 和 Pantzalis（2005）证明证券分析师作为有效的监管者能够降低潜在的代理冲突问题，降低公司的管理成本，提高公司的市场价值。

[①] Bowen 等（2004）发现分析师跟踪人数越多的上市公司其增发配股的抑价程度越低，即股权融资成本越低，由于大公司的信息不对称程度小于小公司，分析师跟踪对于大公司 SEO（seasoned equity offering，股权再融资）抑价的边际收益要小于小公司 SEO 抑价的边际收益，从而证实了分析师跟踪能够降低公司的再融资成本。

由此可以得知，在成熟的资本市场上，证券分析师作为信息中介的重要组成部分，他们在提高证券市场运行效率方面发挥的作用已受到认同。他们通过对市场信息、行业信息及公司层面的信息进行分析和预测（Chen et al.，2010；Livnat，2012），不仅能帮助投资者正确解读纷繁复杂的信息，而且证券分析师通过与公司高管层的密切接触也能够不断地向市场提供增量信息，从而引导投资者做出理性的买卖决策，最终形成一个有效的市场价格。

然而，对于处于新兴加转轨阶段的我国证券市场而言，要实现信息的有效性难度会更大。这主要是因为我国证券市场上非专业投资者居多，同时指导公司财务信息披露的会计准则越来越复杂，对于这些非专业投资者而言，要正确地解读财务报表，并从中提炼出其所需要的投资信息是非常困难的一件事情。因此，证券市场上出现了大量的噪声交易者及投机分子，这一现象从近几年我国证券市场的运行状况就可以看出端倪。大量的 ST（special treatment，特别处理）股票和 PT（particular transfer，特别转让）股票非但未被市场抛弃，反而被恶炒，价格远高于其价值。相反，一些绩优股却被市场冷落，股价一直处于低迷状态。投机性过大难以吸引资金流向具有发展前途的企业，因而无法引导资源实现最优化配置，自然也就不能形成富有成效的证券市场。可以说，有效的证券市场离不开信息的有效沟通。然而，我国证券分析师所处的证券投资咨询行业的发展历史非常短，仅有十几年的发展历程，证券分析师所处的市场环境及其较短的发展历史决定了我们不能照搬西方成熟资本市场的研究结论。

目前，我国学者从证券分析师作用的不同角度展开研究。在这些研究文献中，学者重点围绕证券分析师的业务素质，分析师预测较管理层预测、统计模型预测的相对准确性，分析师建议的投资价值等问题进行研究。在证券分析师的业务素质方面较有代表性的研究是胡奕明等（2003），其通过对国内证券分析师的问卷调查发现，我国证券分析师发展总体水平还比较落后，具体表现为证券分析师的工作经历时间偏短；比较注重公开披露信息，较少通过直接接触如公司新闻发布会、电话或走访等方式获取资料；对股权变动、一般财务数据、会计政策和会计估计等信息比较重视，但对治理结构、薪酬结构、人员素质和审计意见等重视不够；分析手段和理论基础都比较薄弱。在分析师预测较管理层预测、统计模型预测的相对准确性方面较有代表性的研究是吴东辉和薛祖云（2005），其利用国泰君安证券研究所于 2001 年末或者更迟在其网页上公布的对 A 股上市公司 2001 年度盈利的预测数据，首次系统地研究了国内分析师盈利预测相比于一元时间序列模型预测（随机游走模型）的准确性，发现我国证券分析师盈利预测优于一元时间序列模型预测，同时，证券分析师的盈利预测存在系统性偏误，偏于乐观；当将数据按照 2001 年公司实际盈利或盈亏与否分为两类时，研究发现，证券分析师对盈利企业预测的准确性要高于对亏损企业的预测，同时证券分析师对盈利企业预测的乐观倾向要低于对亏损企业的预测。

在证券分析师建议的投资价值方面，如朱宝宪和王怡凯以《上海证券报》的投资建议为样本进行分析后发现，遵循短线投资建议所组建的样本能够取得超额收益，但中线建议的收益则不理想，因此，他们认为我国的专业咨询机构存在把握市场短期热点的能力。类似地，唐俊和宋逢明（2002）研究发现，证券咨询机构的投资建议只在极短的时期内具有投资价值。

也有学者从分析师跟踪的角度进行研究，如薛冠甲等（2008）论述了分析师跟进、信息和股票流动性的内在联系机制，并利用2005年和2006年的分析师跟进和股票流动性样本数据对三者的内在关系进行实证检验。检验发现，上市公司股票的流动性随分析师跟进的增加而得到改善，这证实了分析师作为信息中介在促进股票市场信息共享方面的作用。

尽管较多的学者对证券分析师的作用、市场功能进行了研究，但目前的研究还较为零散，且大部分缺乏系统而深入的研究。鉴于目前学术界对我国证券分析师在资本市场中扮演的角色并不十分清楚，不少人对证券分析师的印象还停留在"股评家"的阶段，对他们的作用也普遍持有怀疑态度，因此，从整体上审视证券分析师在增进市场效率方面的作用就显得尤其重要。

在本书中我们主要试图回答以下问题：分析师跟踪对证券市场有效性究竟有怎样的影响？这种影响机制对上市公司本身的作用又如何体现？具体到本书的研究中，我国的证券分析师能否通过跟踪上市公司，向市场释放大量有效的公司信息，从而提高公司的信息传播效率呢？若分析师跟踪能够提高公司的信息效率，那么其又是如何影响资本资源的配置效率的？追溯至上市公司本身，分析师跟踪对上市公司的融资效率（融资成本及融资方式安排）会产生怎样的影响？国内关于证券分析师与信息有效性及融资效率的研究文献较少。实际上，这是一个有待研究的重要问题。

1.2 研 究 意 义

1. 丰富了外部因素对公司融资决策的影响的研究文献

在关于分析师跟踪与融资效率的研究中，除了融资成本的角度以外，本书还从融资工具的选择入手进行探讨。本书从资本市场微观主体——证券分析师的市场功能着手，为企业融资理论的研究注入新的元素。国内现有文献大多是从公司财务特征因素的角度研究其对公司融资的影响，如公司盈利能力、公司规模、公司的成长性及资产结构等。鲜有文献研究公司的外部因素如何影响公司的融资效率（债务融资比率的高与低、权益融资额大小等）。在我国新兴资本市场环境下，研究证券分析师对公司融资决策的影响具有重要的理论意义。

2. 对于公司进一步加强投资者关系管理、积极引导分析师跟踪，以及增强公司可持续的融资能力具有重要的指导意义

投资者关系管理是公司战略管理的重要组成部分，它对于增强投资者信心、降低公司的融资成本、提高上市公司的核心竞争力，从而实现上市公司价值最大化有着非同寻常的意义。证券分析师作为信息中介，是投资者关系管理的重要组成部分。在有效沟通过程中离不开证券分析师，他们架构起上市公司和投资者之间的关系桥梁。一方面，证券分析师受过专业技能的训练，他们通常具有较高的信息解读与预测能力，能较全面地分析信息，同时，他们在信息的获取方面也有职业赋予的优势。证券分析师通过搜集和分析这些信息，向投资者提供盈利预测和投资建议。另一方面，证券分析师把投资者对公司的看法和建议反馈给公司管理层，对公司的经营和发展也将起到促进作用。可以说，他们的存在有效地促进了上市公司与投资者的双向沟通。本书的研究结论证实了证券分析师在促进信息的传播、公司资产定价效率方面发挥着重要作用。公司管理层可通过引导证券分析师的跟踪，增强公司有规律的、可持续的融资能力，从而缓解公司面临的融资约束，提高公司的投资效率。

3. 使投资者客观认识证券分析师的市场功能，提高理性投资的程度

信息是证券市场的枢纽和核心，证券市场是一个信息高度敏感的市场，信息对证券市场的价格发现和价格均衡具有直接作用，也是投资者参与市场决策的主要依据。

近年来，随着我国证券市场的跌宕起伏，许多经济学家就我国证券市场是不是一个大"赌场"展开了热烈的讨论。讨论的核心是我国上市公司的股价能否合理的反映公司的价值，我国证券市场是否发挥了优化资源配置的功能。从证券市场所反映的怪异现象来看，一方面，ST股票、PT股票这样的垃圾股越来越受到许多非理性投资者的青睐，反复恶炒的结果是其股价完全脱离真实价值，远远高于真实价值的价格自然就不能成为发挥资源优化配置功能的载体。另一方面，绩优股却未受追捧，股价落后于其真实价值。现实的情况证实证券市场无法合理有效地配置资源，许多好的公司被逐出股市，而差的公司却获得巨额融资。目前我国证券市场的这种股价错位现象充分说明上市公司在信息披露及信息沟通方面仍存在着根本性问题（王跃堂和倪慧萍，2001）。本书的研究发现，证券分析师

对提高上市公司股价的信息传播效率，促进证券市场资源的有效化配置起着关键作用，他们是架构上市公司与投资者之间信息沟通的桥梁。另外，我国资本市场的个股投资者较多，他们获取信息的渠道较少（主要来自于复杂的财务信息），鉴于许多财务信息披露的会计规则极为复杂，投资者缺乏专业的解读能力，而证券分析师能利用自身优势帮助投资者理解企业的财务信息，同时也会利用自身特殊的优势获取额外的信息，从而为投资者提供丰富的信息环境，引导投资者进行理性投资。

1.3 研究思路、方法与结构安排

1.3.1 研究思路

相对新兴资本市场而言，国外学者对分析师跟踪的市场价值研究较多，主要是围绕证券分析师是作为市场监管者还是信息中介，抑或是两者都具备展开热烈的讨论。鉴于我国这样一个特殊的新兴资本市场环境，再加上证券分析师行业起步较晚，因此，本书重点考虑证券分析师作为信息中介角色对资本市场究竟产生什么样的影响，具体的研究思路如图 1-1 所示。

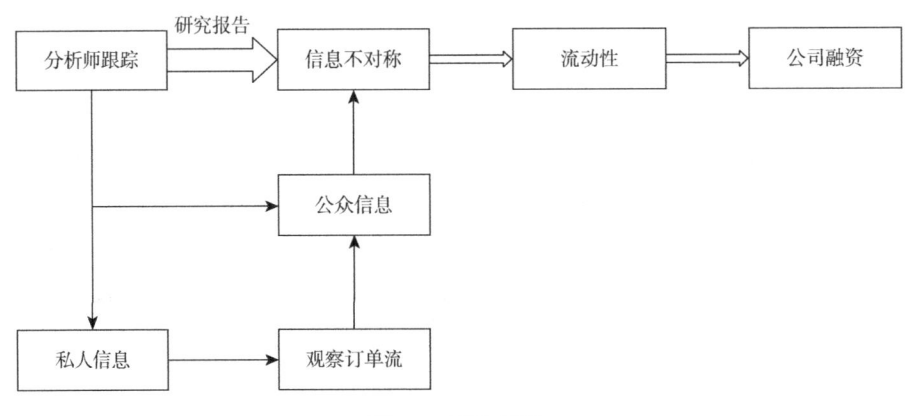

图 1-1 研究思路

分析师跟踪改变了上市公司与外部投资者之间及外部投资者相互之间的信息分布格局。他们主要通过发布盈余预测和投资评级建议向市场传播信息，具体的传导途径主要有两种。一种途径是直接面向社会公众，分析师跟踪人数越多，代表针对该上市公司的研究报告就越多，也就意味着有大量的信息被释放给社会公众，这必然会减缓上市公司与证券市场的信息不对称程度。另一种途径是研究报告面向机构投资者，在我国这种现象更为普遍。机构投资者是证券分析师所发布的研究报告的重要使用者，他们为证券分析师提供信息报酬，因此，证券分析师可能会向机构投资者提供更多的信息。这些信息对于社会公众来说，是无法被直接得到的。然而，社会公众可通过观察订单流的方式间接得到这些信息，其主要机理是，增量的私人信息会随着分析师跟踪的增加而增加，而私人信息的增加必然会导致订单流所包含的信息增加，不知情的交易者通过观察订单流所包含的信息可以做出相应的投资决策。因此，无论哪种传导机制最终都会导致公众信息的增加，最终降低公司与外部投资者之间的信息不对称程度。

本书主要围绕以下几个方面进行研究：①我国的分析师跟踪是否影响股价信息含量，是否提高股价信息传播效率？本书在研究过程中，主要运用股价同步性作为股价信息含量的代理变量，同时鉴于众多学者对股价非同步性能否作为股价信息含量的质疑，本书利用分析师预测准确性变量做出进一步的检验。除此之外，本书也研究了分析师跟踪这一微观机理对股价暴跌现象的影响。②本书在分析师跟踪对股价信息含量的影响的研究基础上，进一步讨论其与公司融资效率的关系。具体来说，若分析师跟踪能有效地提高公司股价信息含量，则其必将影响公司的融资效率。本书利用融资约束与分析师跟踪的关系进行实证检验，以此验证证券分析师的跟踪行为是否能缓解公司的融资约束，提高公司的融资效率。③在初步探讨分析师跟踪对融资效率的影响的研究基础上，本书探讨证券分析师这一信息中介具体如何影响公司的融资效率（主要是融资方式的安排）。

1.3.2 研究方法

规范研究与实证研究是本书研究过程中采用的主要研究方法。具体来说，本书综合使用历史分析、归纳总结、演绎推理等多种规范研究方法及档案研究等实证研究方法。在实证研究方面，通过 CSMAR、Wind 数据库等多种途径收集数据和信息，运用 OLS 回归、Logit 及 Mlogit 回归、分位数回归（quantile regression）、面板数据固定效应回归等多种统计分析方法。本书第 2 章及第 3 章主要采用规范研究的方法分析证券分析师行业发展的历史及其主要的市场业务，综合运用经济学、管理学、会计学、金融学等多种学科知识，以对有效市场假说的质疑而产生的市场微观结构理论为主要理论依据，提出一个逻辑分析框架，从信息效率与融资效率视角阐述分析师跟踪在资本市场中的作用。第 4~6 章主要采用档案研究的方法，为分析师跟踪在资本市场中的作用提供经验证据。其中，第 4 章运用 OLS 回归检验分析师跟踪与股价同步性的关系，同时为了进一步研究股价同步性的降低代表着股价信息含量的提高而不是噪声交易的结果，本书运用分位数回归检验盈余预测准确性与股价同步性之间的关系。第 5 章运用面板数据固定效应回归方法检验分析师跟踪与融资约束的关系。第 6 章运用 Logit 及 Mlogit 回归检验分析师跟踪对公司融资方式安排的影响。

1.3.3　结构安排

本书以档案研究为主要研究方法，探讨证券分析师作为信息中介的市场价值。本书并没有像传统的研究那样，直接探讨分析师预测的信息内容，而是借鉴国外学者的做法，探讨分析师跟踪这一重要指示变量在促进市场信息有效性及资源有效化配置中的作用。目前，大量学者就证券分析师向市场提供的是公司层面的信息还是市场层面的信息争论不一，本书研究的首要问题是验证证券分析师能否通过降低股价同步性提高公司的股价信息含量。另外研究的一个非常重要的问题是检验分析师跟踪与公司融资（资产定价）的关系，从而验证分析师跟踪能否在公司资产定价效率中发挥作用。

本书的研究内容分为七部分，安排如下。

（1）第一部分提出本书研究的问题、研究意义、研究思路与研究方法等。

（2）第二部分阐述相关的理论分析与制度背景。首先，阐述有效市场理论与市场微观结构理论的部分观点。其次，利用信息非对称风险的资产定价理论、流动性资产定价理论阐述信息不对称、流动性等市场微观特征对资产定价的影响。

（3）第三部分对本书涉及的经典文献进行回顾，着重探讨成熟资本市场环境下与新兴资本市场环境下分析师跟踪的不同影响。在借鉴前人研究的基础上，确定适合我国证券市场环境特征的研究思路，着重研究证券分析师作为信息中介角色所发挥的市场价值。

（4）第四部分至第六部分是本书实证研究部分，也是本书的主体部分。该部分围绕分析师跟踪对公司资产定价的影响这条主线展开一系列的研究。

具体来说，第四部分主要探讨分析师跟踪的信息供给效率问题。目前关于我国证券分析师信息供给效率的争论更多的是观点层面上的争论，缺乏深层次的实证检验。一方面，证券分析师向市场提供有效的公司特质信息，提高了股价信息含量，进而影响证券市场的信息有效性。另一方面，证券分析师也可能是信息噪声的产生源，由此降低市场的有效性。因此，证券分析师既有可能是"有效"的信息供给者，也可能是"无效"的信息供给者。本书尝试从信息供给效率的角度来探讨我国证券分析师的存在是否有利于增进证券市场的有效性。股价同步性作为股价信息含量的代理变量，研究结果表明，证券分析师向市场提供公司层面信息，降低公司与外部投资者之间的信息不对称程度，提高了股价信息含量，进而增强了股票市场信息有效性。另外，本书也发现分析师跟踪能够有效抑制股价暴跌现象。所有的研究结论充分说明证券分析师作为信息中介角色能有效地向市场提供公司层面的信息，他们能帮助投资者更好地理解特定公司的信息，降低公司与外部投资者之间的信息不对称现象。

第五部分和第六部分主要是在第四部分得出的研究结论上，进一步考察证券分析师对公司融资效率的影响。具体来说，第五部分主要研究分析师跟踪能否通过影响信息不对称提高公司的融资效率，缓解公司的融资约束状况。这部分的实证研究以 FHP 模型的投资现金流敏感性与融资约束的相关关系为基础，在 Euler 投资方程模型里加入分析师跟踪变量，通过观察投资现金流敏感性的变化以验证我国的证券分析师是否有助于缓解公司的外部融资约束。在研究中，以终极控制人性质进行分组检验，采用 Gugler（2003）的先验研究结论，将政府干预程度较弱的国有控股公司界定为融资约束组，将民营控股公司及政府干预程度较为严重的国有控股公司定义为代理冲突组，通过实证检验得出，分析师跟踪能够通过影响公司的信息不对称程度进而缓解公司的外部融资约束，从而使得干预程度较弱的国有控股组公司的投资现金流敏感性有所降低。

第六部分主要研究分析师跟踪对公司融资方式选择、融资能力的影响，即证券分析师是如何通过影响信息不对称，进而影响外部融资方式的选择的。具体地说，其是如何对债务融资（债务融资率的高与低）、权益融资能力（权益融资额大小）产生影响的？这部分主要采用 OLS 模型与 Mlogit 模型进行实证分析，在控制公司特征因素下，实证研究分析师跟踪对公司未来融资方式选择的影响，即对资本结构具体类型的影响。研究发现，分析师跟踪对于公司的权益融资具有显著影响，并且这种影响随着公司规模的不断增大而降低。另外，对于较大额权益发行而言，分析师跟踪人数越多，公司发行小额权益的概率越大。分析师意见分歧度与公司债务融资可能性成正相关关系。其值越大，即分析师预测一致性越小，公司进行债务融资的可能性就越大。

（5）第七部分对前三部分主体结论进行归纳总结，并且指出研究中无法克服的困难及研究局限性，同时也拓展了未来的研究方向。

本书的总体框架图如图 1-2 所示。

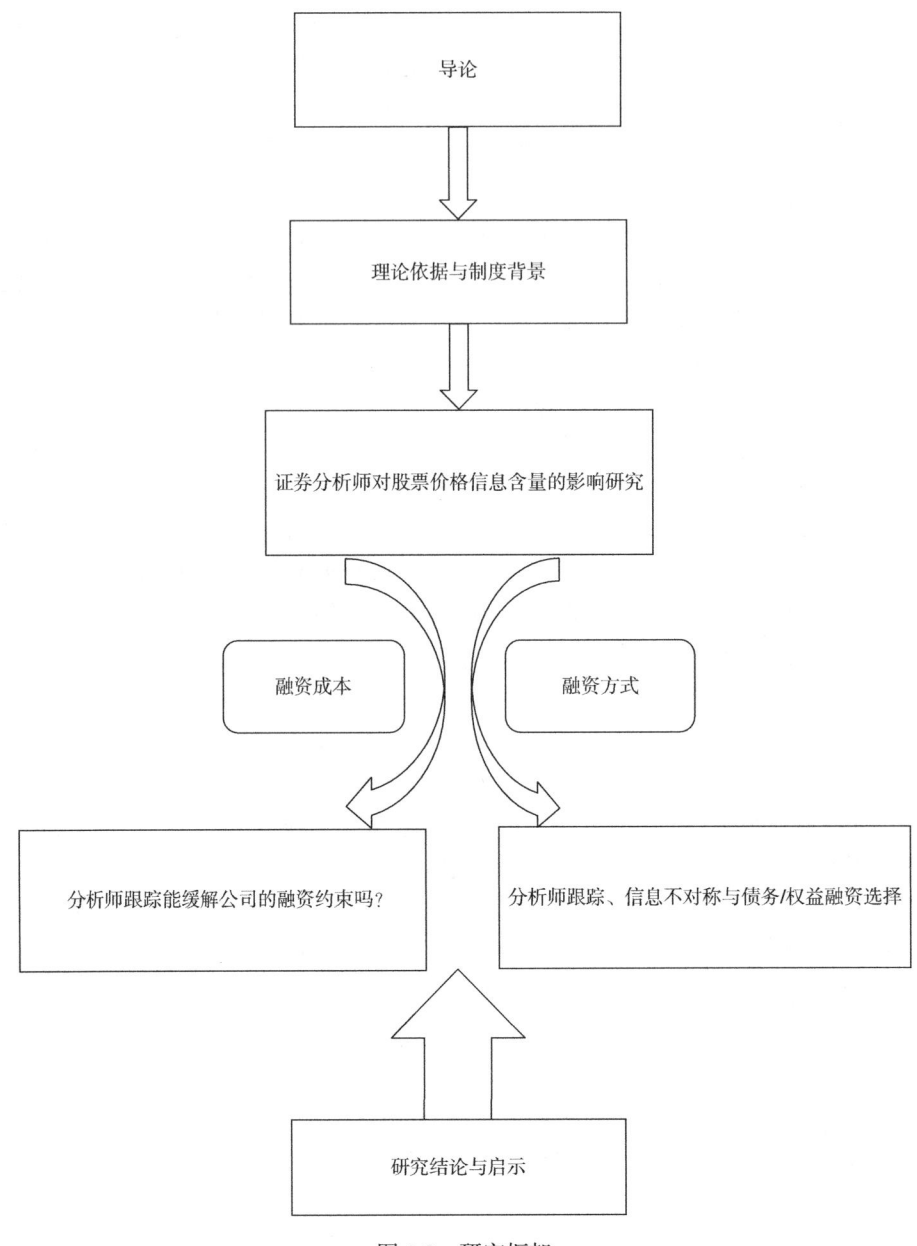

```
        ┌──────────────┐
        │     导论      │
        └──────┬───────┘
               ↓
        ┌──────────────┐
        │ 理论依据与制度背景 │
        └──────┬───────┘
               ↓
    ┌──────────────────────┐
    │证券分析师对股票价格信息含量的影响研究│
    └──────────────────────┘
          ↙           ↘
      融资成本        融资方式
          ↓             ↓
┌──────────────────┐ ┌──────────────────────┐
│分析师跟踪能缓解公司的融资约束吗?│ │分析师跟踪、信息不对称与债务/权益融资选择│
└──────────────────┘ └──────────┬───────────┘
                                ↑
                    ┌──────────────────┐
                    │   研究结论与启示    │
                    └──────────────────┘
```

图 1-2 研究框架

第 2 章 理论依据与制度背景

2.1 理论依据

2.1.1 信息与资本配置效率的内在机制

证券市场是上市公司直接融资的重要场所，其融资效率的高低与证券市场有效性（即信息效率）密切相关。需要融资的公司其信息披露的完整、及时、准确与否至关重要，同时投资者解读加工信息的能力大小也影响公司的融资效率。融资方披露的信息越详细、准确，投资者收集和处理信息的能力就越强，信息成本就越低，越有利于形成有效的价格信息，最终促进市场融资效率的提高。因此，信息获取是否充分，直接影响着公司的融资效率。可以说，信息在整个市场资源配置过程中发挥着重要作用，有效的价格信息引导资源实现优化配置。

关于信息与资本配置效率的关系，早在 1922 年经济学家路德维希·冯·米塞斯就已经提出，决定资本配置效率的关键，在于资本市场参与者能否获得关于资本的相对稀缺的信息。此后哈耶克（Hayek，1945）进一步就此问题进行了阐述。哈耶克指出，信息对资本配置效率具有决定性的作用。虽然资本的任何配置状态和效率都是特定决策的结果，但从另一个角度来讲，所有决策的制定，都必定是基于给定的信息。因此，社会所面临的根本问题，是如何最佳利用散布于整个社会的信息，而不是像传统的经济学认为的那样，所谓资本的最优化配置，就是决策者如何充分利用有限的社会资本，以最大限度地满足社会各种需求，实现效用最大化。哈耶克还指出，资源配置的好坏取决于决策者所掌握信息的完整性与准确性。至于信息为什么对资本配置效率具有决定性作用，或者说信息决定资本配置效率的内在机制是什么，哈耶克并没有阐述。这一谜底直到信息经济学的产生，特别是信息不对称理论的建立，才逐渐被人们揭开。

1919 年经济学家索尔斯坦·凡勃伦在其著作《资本的性质》中关于"知识的增长构成财富的主要来源"的论述中，对信息经济学进行了开创性研究。此后，随着弗兰克·奈特的《风险、不确定性和利润》的出版,信息经济思想开始以较为完整的形式和相对独立的成果呈现在经济学研究殿堂之中,从而为后来的信息经济学家开展进一步的研究指明了方向。奈特发现信息也是一种重要的商品,并对不确定性做了开拓性的研究。20世纪60年代,包括赫伯特·西蒙在内的一批欧美经济学家率先对传统经济学所依托的"信息充分假定"提出质疑,指出不确定性是经济行为的基本特征之一。70年代,乔治·阿克洛夫、迈克尔·斯彭斯、詹姆斯·莫里、杰克·赫什雷弗、斯蒂格勒等众多知名学者,通过对现实制度安排和经济实践的观察与分析发现,行为者赖以做出决策的信息不仅是不充分的,而且这些信息在分布上也是不均匀、不对称的,这将会严重影响市场的运行效率,甚至可能导致市场失灵。这些研究结果构成信息经济学这一学科领域产生和发展的重要基础。其中值得一提的是,斯蒂格勒在《信息经济学》中所提出的最优信息搜寻理论和信息传播理论,被公认为是不完全信息经济分析的基础。非对称信息属于不完全信息的一种典型形式,它是指并非所有的市场交易参与者都知道的信息。关于非对称信息,人们通常根据委托代理关系建立时间的先后,将其划分为事前"逆向选择"和事后"道德风险"。逆向选择会引起劣质品驱逐优质品,进而出现市场交易产品平均质量下降的现象;道德风险则会导致不需要完全承担风险后果的签约当事人采取最大限度的增进自身效用、不利于他人的自私行为。正是由于不确定信息带来的经济效率下降,人们开始将如何尽量减少非对称信息作为重要课题来研究。

要减少信息不对称理论就必须搞清楚信息不对称理论的内涵及实质,信息不对称理论是信息经济学的核心理论。该理论最早由经济学家阿克洛夫在《柠檬市场》中提出,阿克洛夫分析了产品质量信息的不对称对交易行为的影响,指出买主与卖主对产品质量信息的不对称可能会导致逆向选择,从而出现"柠檬市场",使得低质量产品把高质量产品逐出市场,出现"劣币驱逐良币"的现象。Spence(1973)提出,市场中介可以通过使用信号抵消逆向选择的效应。这种行动的有效性取决于信号使用的成本,信号发送者之间使用某种信号的成本差别越大,信号使用成功的可能性也就越高。

信息经济学中的信息不对称问题,是指相互影响的交易双方(主要是委托人和代理人)之间对有关信息的了解是有差异的。它有两层含义,一是市场中的交易一方拥有另一方无法拥有的信息,由此造成有关交易信息在交易双方之间的分布是不对称的;二是交易双方对于各自在信息占有方面的相对地位是清楚的。交易各方所处的地位和所扮演的角色不同,导致他们获得信息的难易程度和所获取信息的质量也不相同。信息的非对称性可以从两个角度划分,一是非对称发生的时间,二是非对称信息的内容。从非对称发生的时间来看,可以分为事前非对称和事后非对称。事前非对称是指信息的非对称发生在交易双方签约之前(ex-ante），而事后的非对称则是发生在交易双方签约之后（ex post），是由于代理人采取隐藏行为而产生的信息不对称。事前的非对称信息容易导致市场资源配置扭曲的现象，即逆向选择问题；事后的非对称信息则容易导致道德风险，给委托人带来损失。从不对称信息的内容来看，它可能涉及参与人的行动，也可能涉及参与人的知识。从研究内容角度可将模型分为隐藏行动模型与隐藏知识模型。隐藏行动模型指的是研究不可观测行动的模型，隐藏知识模型指的是研究不可观测知识的模型。

根据信息不对称理论的观点，企业在股权融资过程中，公司管理层是处于信息优势的一方，而投资者则是处于信息劣势的一方，公司管理层和投资者之间既存在信息的事前不对称，即逆向选择问题，也存在着信息的事后不对称，即道德风险问题；既存在隐藏行动的信息不对称，也存在隐藏信息（知识）的信息不对称。因此，股权融资中信息不对称导致的逆向选择和道德风险问题，最终会降低资本配置效率。正是基于这一角度，提高信息披露的质量、及时性和透明度，将会有效降低资本市场参与者之间的信息不对称程度，缓解由信息不对称引发的逆向选择和道德风险问题，提高资本配置效率。这也较好地诠释了信息决定投资决策效果和资本配置效率的内在机制。

2.1.2 有效市场假说与市场微观结构理论

1. 有效市场假说相关概念及理论

有效市场假说在揭示资本市场的经济规律与经济现象时起到了重要的作用。自从芝加哥大学法玛教授提出有效市场假说以来，关于资本市场有效性问题的研究就成为许多学者关注的焦点。在有效资本市场中，证券价格对信息的反映表现在信息内容和信息速度两个维度。按照法玛教授的定义，有效市场上证券资产价格的波动程度及趋势是由与该证券资产相关的信息造成的，并且价格反映该相关信息的速度是及时的，将与证券资产相关的信息快速、完全地反映在资产价格中就是有效市场的显著特征。法玛教授提出的有效市场假说在经济学领域发挥了重要的理论指导作用。

一般来说，信息可分为三种类型，分别为历史信息、公开信息及内部信息。历史信息主要是已经发生了的反映过去某一时点的信息，过去某一时间的股票收益率、股价、股票成交量及它们的变动情况。公开信息主要是当前公司对市场发布的信息，可以是反映公司财务状况的财务报告信息，也可以是对未来经营状况进行预测的公开信息。内部信息则是未对外公开发布的，只有公司内部人员才知悉的信息。资本市场中不同信息对价格的影响程度不同，由此证券市场的有效性程度便取决于股价中反映的是哪一种类型的信息。按照证券价格对信息的反映程度不同而划分的资本市场类型也得到芝加哥大学法玛教授的高度认可和大力推广。这一分类最早是由 Roberts 于 1967 年提出来的，其核心思想是将有效市场分为三种情况，分别是弱式有效市场、半强式有效市场及强式有效市场。其中，在强式有效市场上，证券资产的价格反映的信息最为全面，它充分反映了所有与该证券资产相关的信息，这些信息不仅包括历史信息、现在公开信息，也包括内部信息。投资者不可能利用这些信息获得超额收益率，这是资本市场最完善和最理想的状态。半强式有效市场指的是股价充分反映了两类信息，分别是历史信息及现在市场上公开的信息，因此，投资者不可能利用这两类信息获得超额收益率，但可以通过内部信息获得超额收益率。弱式有效市场反映的是与该证券资产相关的所有历史信息。投资者不能通过历史信息获得超额收益率，但可以通过市场公开信息及内幕信息获得超额收益率。

有效市场假说的重要观点是，信息效率是股票市场效率体系的基石，也是该体系的核心，是后来被用做揭示一些经济规律、解释一些经济现象最有力的理论支撑，也是有效市场理论最大的贡献。

在接受肯定的同时，有效市场假说也受到部分学者的质疑。有效市场假说提出，基于某种信息的交易是不能够获得超额收益的。有效市场假说的这种假定很快就被后来的学者推翻，原因是他们发现了有悖于这种有效性的多种市场"异象"，其中比较著名的有规模效应、季节效应等。

具有代表性的是 Rozeff 和 William Jr（1976）通过对 1904~1974 年纽约股票交易所的股价指数进行分析，发现存在季节效应。具体来说，与其他 11 个月的收益率相比，一月的股价指数收益率遥遥领先。当然，不仅仅局限于月度收益率效应，开盘和收盘效应、假日效应、周末效应、低市盈率效应也反映出收益率有所不同。随后 Banz 在 1981 年提出规模效应，这是发现该现象的第一位经济学家。Banz 在其研究中发现公司股票收益率与公司规模有关。具体来说，公司的规模不同，其收益率也不同。这一关系不仅对总收益率适用，对风险调节后的收益率也适用。这些对规模效应及时间效应等的质疑也暴露了有效市场假说自身存在着缺陷。虽然这些缺陷曾多次被做出修正和完善，但仍然无法被克服，主要体现在信息类型的界定上存在着边界不清，无法准确划分过去信息、公开信息等的界限，市场价格也无法反映所有的相关信息，并且该假说没有涉及市场流动性等问题。

显然，有效市场理论的假定在现实中是不可能存在的。有效市场假说过于完美，其只存在于理想的资本市场中，如假定市场交易是没有摩擦的，该假说没有看到市场机制对股价波动所产生的重要影响。该假说认为，股票定价及其变动趋势完全是由信息类型决定的，与市场交易机制无关，市场交易机制唯一的功能是通过交易反映信息，并不能影响交易价格与价格变动趋势。但是有效市场假说不能解释市场上出现的一些现象，这些现象对于有效市场理论而言被当做异象。于是相关学者开始考虑用其他理论来进行解释，这就是后来备受学者关注的市场微观结构理论。市场微观结构理论否定了有效市场假说提到的信息传递是畅通无阻的、不存在市场摩擦、不存在交易成本，它充分考虑了市场交易机制在股票定价机制中所发挥的作用，指出市场交易中存在着信息不对称现象，再加上存在着交易成本，这些障碍使得一些交易的信息弱势方最后被迫放弃交易，却有可能被信息优势方加以利用从而获得超额利润。市场上很多经济现象用有效市场假说解释不了，却被市场微观结构理论轻易揭示了内在机理。这也是学者推崇现实资本市场中应充分运用市场微观结构理论解释经济现象的原因之一。

2. 金融市场微观结构理论表述

市场微观结构理论是 Demsetz（1968）提出来的。在研究中，Demsetz 指出现实的市场都是不完美和不完善的，由于市场摩擦和市场交易成本的存在，市场交易机制在不同的市场中对价格的形成及影响截然不同。Demsetz 认为证券买进与卖出之间的差距是反映投资者实时性的收益，这种实时性收益中包含着快速进行交易的隐性机会成本，他由此建立了一个买卖价差模型，从数理统计分析上首次得出证券市场微观结构是价格形成机制的核心决定因子。

Demsetz 提出市场微观结构理论之后，相关学者对该理论进行了不同层次和不同视角的研究。O'Hara（1995）对市场微观结构进行了重新解读，指出市场微观结构是在特定市场规则之下对资产进行交换的过程与结果的研究。Madhavan（2000）对市场微观结构理论进行了丰富的阐述，指出该理论的焦点主要从四个维度展开。第一个维度是价格形成与发现机制。该机制主要阐述如何将投资者隐性需求转换为价格交易及交易量。第二个维度是信息与信息的披露机制。这里不得不提的是信息透明度，因为它直接影响交易双方最终的交易价格及交易结果，尤其内幕信息最终影响交易双方的交易过程及最后达成的交易价格。第三个维度是市场结构与设计。在交易价格的形成过程中其也是重要的影响因素。第四个维度是市场微观机构与其他领域的关系。

相关学者对市场微观结构理论往往从狭义的角度和广义的角度来进行探讨。从狭义上来说，市场微观结构理论仅仅指的是价格发现与形成机制。学者是围绕价格发现及形成机制中有关市场交易及市场结构展开讨论的。从广义上来说，市场微观结构理论除了价格发现机制以外，还包括清算机制、信息传播机制等。它是各种交易制度汇总在一起相互交织形成的理论。该理论主要分为五个重要的组成部分，分别是市场参与者、技术、规则、信息与金融工具。整个机制要运转起来需要五个组成部分有效组合，最终形成效用最大化。市场质量或效率的反映指标一般是由流动性、波动性、交易成本及透明度四个指标来衡量。任何一个指标改变,都会产生不同的市场交易机制。这时可以根据变化的指标组成的新指标体系来衡量信息透明度、流动性、风险与交易成本组合后的新市场结构。

市场微观结构理论分析了在信息不对称的市场环境中,信息在不同的市场交易双方之间进行传递,对价格发现与价格形成产生的影响。由此,市场微观结构理论也指出与有效市场假说所假定的完美市场不同的现实市场,该现实市场的有效性低于完美市场的有效性。

市场微观结构理论分为三个发展阶段。第一个阶段是存货模型阶段,该阶段代表人物是 Demsetz,主要围绕交易成本展开,具体来说以存货成本为基础探讨其对价格交易及形成的影响。关于存货模型,O'Hara(1995)对相关学者的研究进行了归纳,并将其整理成三类,第一类是分析指令流的性质对交易价格的影响,该类代表是 Garman(1976);第二类是做市商决策模型,该类代表是 Stoll(1978),主要探讨通过做市商决策的最优化问题分析交易成本在证券价格形成中的作用;第三类是多做市商决策模型,该类代表是 Ho 和 Stoll(1981),主要探讨在多期内做市商定价行为与价格特征。

对于市场微观结构理论的存货模型,该模型存在的主要缺憾是没有将信息不对称纳入模型中,也就是该模型假定参与市场交易的双方在信息上是互通的。但其实这样的假设使得该模型在解释或应用中受到质疑,削弱了其对证券资产价格形成过程与结果的解释力。

正是基于此,从 20 世纪 80 年代开始,市场微观结构的研究方向便从存货模型转向以非对称信息为核心的信息模型,信息模型在市场微观结构理论中发展最为迅速,可应用性最强。这也是市场微观结构理论发展的第二个重要阶段,该阶段比第一个阶段在解释市场结构对价格形成机制的影响时所考虑的因素更全面。这一阶段的主要代表人物是 Glosten 和 Milgrom,其核心思想是将信息不对称作为市场交易者之间的交易行为及交易价格形成的主要解释因素,这些市场交易者包括知情与非知情交易者及做市商。

O'hara(1995)和 Madhavan(2000)对以上两个阶段进行了系统而深入的归纳总结,在很多经典文献里都可以找到关于这两个阶段的思考。这两个阶段可以说都是以做市商市场为参考对象展开研究的,有共同点也有许多不同点。

第三个阶段是看法差异模型阶段。该阶段以看法差异为核心影响因素展开讨论,其代表主要有 Harris 和 Raviv(1993)、Kandel 和 Pearson(1995)、Odean(1998)、Hong 和 Stein(2003)等。该阶段研究的是由于交易者对交易过程有着不同的理解,即使交易者对交易的资产有着共同的认知信息,最后对资产的价格发现及价值判断也会不相同。该阶段是市场微观结构的最新发展阶段,也是利用新的视角来解释市场交易策略及市场价格形成机制的阶段。

总体来说，在存货模型阶段、信息模型阶段及看法差异模型阶段中，信息模型利用信息不对称视角来解释资产定价策略，其中有个中间链条是信息不对称影响交易成本进而影响资产定价策略。首次利用信息模型解释买卖价差的是 Bagehot（1971），研究中的市场参与者包括做市商、知情交易者与非知情交易者，其中做市商只有与非知情交易者在交易中设定比较大的买卖价差，由此获取的收益才有可能冲抵其与知情交易者交易所造成的损失。

因此，假设没有存货成本，竞争是完全性的，风险是中性的，只要信息不对称现象存在，买卖价差就会存在。

Kyle 于 1985 年在单次交易的单期模型基础上，讨论了多期交易的连续时间模型与序贯模型。他在研究中通过证明发现，当交易时间间隔趋于零时，序贯模型与连续时间模型是等价的。Kyle 模型的情景设计是知情交易者与非知情交易者均要向做市商提供他们的交易指令，并由做市商统一汇集所有的交易指令并限定某一市场作为唯一出清市场。模型的假设条件主要是假定市场存在三类交易者，一类是风险中性的做市商，一类是知情交易者，还有一类是非知情交易者。均衡条件是知情交易者有利润最大化的要求，除此之外，做市商处于完全竞争状态，其属于零利润模式。该模型主要是研究知情交易者怎样使用交易策略通过私人信息获得利润最大化，从而分析证券资产价格是否受知情交易者交易策略的影响。

2.1.3　市场微观结构对资产定价的影响

1. 市场微观结构与公司财务、金融的融合

作为现代金融学的一个领域，市场微观结构理论在试图揭示"价格形成"这个"黑箱"的同时，也让人们对公司财务、资产定价、国际金融等领域的许多传统问题进行重新审视。

市场微观结构与公司金融之间的关系非常密切。市场交易活动中很多经济活动都可以用二者之间的关系进行解释。具体地，公司证券资产的定价受到证券资产市场价格行为的影响。公司证券资产的资本成本受到发行证券的发行价格与价值之间差异的影响，并最终影响公司的融资策略。

揭开"价格形成"这个"黑箱"，对融资方式及外部投资者都具有重要的现实意义。

从国外大量的研究文献中可以看出，市场微观结构理论为公司财务领域及金融领域的发展奠定了重要的理论基础，其影响既深刻又广泛。市场微观结构理论与公司金融理论的融合，实际上是从公司的角度出发，考察市场微观结构理论对

公司，进而对经济总体的福利效应的影响，以及对该影响程度的实证度量。其融合主要体现在两方面：一方面，运用微观结构中的理论模型解释公司金融现象[①]；另一方面，运用微观结构理论发展的实证方法评估公司金融的理论成效[②]。

2. 信息风险与资产定价

传统的资产定价框架中，市场交易的信息是充分且均匀的，然而，现实市场交易中，交易双方拥有的信息既不充分也不对称，市场交易活动中不可避免地存在着交易成本，这些与市场结构有关的因素在传统的资产定价中完全被忽略。

在市场交易活动中具有重要影响的信息因素对证券市场的价格发现和价格均衡具有直接的作用。信息的获取改变了市场参与者对金融资产风险的看法，信息的非对称性影响资产的流动性和价格的发现过程，最终会影响资产的价格。因此，证券市场微观结构对资产定价的影响越来越受到学术界的广泛重视。具体而言，证券市场微观结构理论是研究证券市场交易价格的形成和发现过程及交易机制的一个重要的金融学分支，它的核心理论是价格发现机制。价格发现机制实际上是指市场信息被证券资产消化的过程，也就是证券价格反映在形成证券资产价格的相关信息中。市场参与者之间所形成的交易策略将新的信息反映到资产价格上，越来越多的交易活动信息促使资产的市场价格逐渐接近于资产的真实价值，从而使得资产的真实价值得到反映。由此我们推断得出，研究信息的特征及信息分布状况是研究价格的必要步骤。在证券价格的发现过程中投资者拥有的信息是否对称将对证券市场价格的形成产生至关重要的影响。

实际上，国外已有许多学者就资本成本如何受到信息供给的影响进行了许多理论研究。

Grossman和Stiglitz（1980）的研究是基于古典经济学的分析，是关于信息是如何影响资本成本的初步研究。自此以后相关学者展开了深入而系统的研究，大量研究者分析了私人信息在理性预期模型中所产生的影响。较有代表性的是Admati（1985）研究了不对称信息在多资产模型中产生的影响，即不对称信息效应。在研究中，Admati重点关注相关信息如何影响资产均衡价格。在研究模型中，在市场参与者具有不同的信息分布的情况下，每个参与者均具有不同的风险收益权衡。该结论在Easley和O'Hara（2004）的研究中得到进一步的验证。不同的是，Admati（1985）的研究重点并非是公有信息与私有信息的投资回报。此后，Wang（1993）进一步对此进行了研究。

[①] 如金融市场的微观结构通过影响资产的价值、均衡价格的效率和信息含量，进而对公司的战略选择产生影响。
[②] 如借助微观结构理论的方法评估不对称信息和公司决策之间的关系或者运用微观结构理论刻画证券交易中的逆向选择成本，判断其对公司预期收益率的影响。

在关于资产定价的两个资产多期模型中，不对称信息能够产生两种相反的情况，一种情况是由于非知情交易者在信息获取中处于弱势地位，往往会要求风险溢价来弥补其面临的逆向选择问题；另一种情况是知情交易者在交易中处于信息优势地位，使得交易价格更具有信息性，中和了非知情交易者面临的风险，从而降低了风险溢价。两种情况交织在一起，使得总体风险溢价方向不明朗，由于在两个资产多期模型中仅允许一个风险资产，因此无法得知信息如何影响资产横截面回报差异。为了回答这个问题，Dow 和 Gorton（1995）在研究的模型中确切地得出，知情交易者可以通过其持有的信息得到回报，但是 Dow 和 Gorton 没有考虑信息的不同类型会导致怎样的回报结果。其后，Easley 和 O'Hara（2004）结合前人的研究成果，设计了一个均衡资产定价模型。在该模型里，模型特征由多资产、知情交易者与非知情交易者及多个不确定性组成。Easley 和 O'Hara 更深入地考察了信息不对称对资本成本的影响。在他们的模型里，投资者对于具有更多私人信息的股票要求更高的回报，从而使股票的收益率产生横截面的差异。在均衡中，信息的分散性、数量及质量都会影响资本成本。Botosan 和 Plumlee（2005）对信息不对称的三个具体表现特征对资本成本的影响进行了分析。研究发现，私人信息交易比例与资本成本呈正相关关系，而知情交易者比例与资本成本呈负相关关系，信息准确度与资本成本呈负相关关系。由此，进一步验证了 Easley 和 O'Hara（2004）的研究结论。

另外，也有不少学者对信息供给（信息风险）与资产定价进行了实证检验。O'Hara（2003）在讨论公司信息环境和股价时发现了二者之间的关系，并从市场微观结构的角度对其进行解释。这些学者建立了一个理论模型，并从中发现，公司信息环境影响信息交易者和噪声交易者对风险的承担及各自对最优投资组合的选择。反过来，这两类投资者的行为又影响股价对私人信息的吸收与反映。Hughson 和 Kang（2007）利用 Easley 等（1998）的模型研究了知情交易对股票预期收益率的影响，发现信息风险是股票预期收益率的显著决定因素，而且信息风险与股票预期收益率之间的这种关系呈现出非线性的特征。同样的，Lu 和 Wong（2008）的研究支持了 Hughson 和 Kang（2007）的研究结论，并利用 Easley 等（1998）的模型估计出我国台湾地区股票的信息风险，并对信息风险是否是台湾地区股票收益率的显著定价因子进行了实证检验，发现信息风险是台湾地区股票横截面收益率的显著定价因子。研究还发现，在台湾地区股票市场上信息风险每增加十个百分点就平均要求股票提供额外四个百分点到七个百分点的收益率。Li 等（2009）就流动性风险和信息风险对国债的预期收益率的影响进行了实证研究，并用知情交易概率来衡量信息风险，证明在控制了其他的系统性风险因子和债券特征之后，预期国债收益率和流动性风险及信息风险之间呈显著的正相关关系。

汪炜和蒋高峰（2004）、雷东辉和王宏（2005）、曾颖和陆正飞（2006）发现信息披露数量越多、信息披露质量越好，股权融资成本越低。梁玉梅和李红刚（2006）为揭示上市公司信息供给与公司资本成本之间的内在关联，从投资者的角度出发，在考虑信息不对称的情形下建立了效用最大化模型，分析了信息不对称情形下的资本成本的决定机制。研究得出，公司资本成本与信息精度、信息的传播范围成反比，即信息的精度越大、传播范围越广，公司资本成本越小。

3. 流动性与资产定价

传统的资产定价模型如资本资产定价模型、套利定价模型都是假定资本市场是一个理想状态的市场，也就是说证券交易是一种自由畅通及不需要考虑其他因素的交易，且证券流动性不受限制。但现实情况是，证券流通是受到一定限制的。证券之间的转让受到市场微观结构的影响，这种影响由证券市场流动性差异进行传递，并最终影响证券资产的预期收益。由此看来，证券资产的流动性对证券资产的定价产生了重要影响。

流动性资产定价理论也称为 AM 理论，它是由 Amihud 和 Mendelson（1986）最先提出来的，受到理论界的高度关注。AM 理论最重要的观点是证券资产的预期收益率是流动性的减函数。也就是说流动性较低的证券资产，往往会要求较高的预期收益率来弥补流动性不足带来的较高的交易成本，相反，流动性较高的证券资产往往会要求较低的预期收益率。预期收益率之间的差异也恰恰说明了流动性成本的差异。在 AM 理论中，流动性用买卖价差作为度量指标。该理论还指出，通常情况下，只有愿意进行长期投资，即持有期限较长的投资者才愿意持有流动性较低的证券资产，当证券市场达到一种均衡状态时，流动性较低的股票将会具有较高的预期收益率，而流动性较高的股票相比之下具有较低的预期收益率，即投资者对流动性低的证券资产比流动性高的证券资产需要更高的补偿，由此得出预期收益率是流动性的减函数。其后，有学者对该理论继续进行研究，其中 Madhavan（2000）对资产定价模型进行了改进，Madhavan 将交易成本纳入模型中，在假设市场交易者都是风险中性的情况下，研究分析了有交易成本与无交易成本两种状态下股票预期收益的差异。研究发现，在买卖价差与市场波动性客观存在的现实市场中，交易成本的存在使得证券资产的期望收益率高于无风险利率，即证券资产的均衡价值下降。值得注意的是，交易成本的产生一般是由信息不对称等引起的。

Keim 和 Madhavan 经过研究发现，证券的交易成本在资产定价中的影响不容小觑。如果不考虑这一因素就估计未来的资产收益，那么将得到高估的收益溢价。在控制了资产定价的其他因素后，他们研究了交易成本与预期超额收益二者之间的关系，经过研究发现，二者之间呈正相关关系。正如我们所知，流动性低的证券资产其交易成本要高于流动性高的证券资产。

由于传统的资本资产定价模型假定证券资产间的流动性是固定不变的，模型中没有考虑流动性不确定性与持有期不确定性二者之间的关系，也没有考虑总流动性与边际流动性二者之间的差异。传统的资本资产定价模型是假定所有的证券资产在投资者持有期间均未变现的，因此，边际资产流动性与总流动性之间是没有差异的，也就是说，一项资产的流动性无论是单独考虑还是在组合框架下考虑都是一样的。但显然，传统的模型在条件设定中就与现实资本市场资产定价的实际影响因素有差异，也就是说，我们有必要考虑总流动性与边际流动性二者在资产定价中的不同表现。

大量学者不断跟进的研究已表明，流动性水平不是固定的，它会随着时间的变化而变化，并且不管是针对单项资产还是整个市场都是适用的。证券资产间的流动性存在着协同效应，这是证券资产特有的属性，属于不可分散系统风险，无法通过投资组合来消除。由此，将流动性资产定价理论推向一个新角度，即研究流动性风险对证券资产价格的影响将会是一个新的高度。Acharya 和 Pedersen（2005）提出了一个初步的流动性调整的资本资产定价模型，在该模型下，研究指出了流动性不确定性对资本资产定价模型产生影响的几个渠道，模型直接将流动性加入进来，构建了一个全新的资本资产定价模型。

2.2　制度背景

2.2.1　证券分析师存在的必要性

1. 市场存在信息搜寻及解析成本

Fama（1970）根据投资者可以获得的信息种类，以及股价对信息的反映程度，将有效市场分成三个层次，即强式有效市场、半强式有效市场及弱式有效市场。在一个强式有效市场里，一切公开的和非公开的信息都可以被及时、充分地在股价中反映出来，投资者即使掌握了内幕信息也无法获得额外盈利。因此，在这种市场状态下，投资者不会为已被股价完全反映的信息支付额外的费用，此时分析师行业就没有产生的空间。然而，现实世界很难达到强式有效市场的理想状态，尤其是在我国这样一个新兴资本市场中，虽然股价反映了已公开的信息，但并没有达到 Fama（1970）定义的"完全反映"程度，即未达到半强式有效（吴东辉和薛祖云，2005）。由此，公司内部与外部投资者之间存在着信息不对称现象。信息搜寻或信息获取是有成本的，Stigler（1961）利用非序贯搜寻模型得出，人们对信息的搜寻和处理是需要付出成本的，由于存在成本因素的制约，当与事件相关的预期收益或风险损失很小时，决策者通常不愿意在信息搜寻与处理方面花费太多的努力；只有当不确定性可能影响的经济利益较大时，人们才有足够的动力进行信息搜寻，以降低风险、减少损失。即便如此，信息搜寻的范围和数量也应当被控制在一定的限度内。因为无限度的信息搜寻虽然能够显著降低风险损失，但由此引起的信息成本激增可能会使搜寻活动得不偿失。所以，信息的搜寻必须适度，这样才能确保信息成本被控制在可接受的限度内。对于信息弱势一方的普通投资者而言，除了不能承受信息搜寻成本之外，他们在信息搜寻能力方面也不及专业投资人士，主要是因为专业投资人士在信息搜寻方面有独特的信息搜集渠道，能获得大量的私人信息。

另外，同样不能忽视信息解析成本。根据Bloomfield（2002）提出的不完全反映假说，信息的解析同样需要支付成本，信息解析成本越高，愿意对该信息进行收集和解析的市场参与者就越少。由于信息的收集和解析都是有成本的，再加上投资者在收集信息中各自为政、非合作博弈的特点，投资者的信息解析活动往往不具备规模经济优势。这样，成本因素自然而然地成为投资者获取有用信息的一个最基本的约束条件。高昂的信息收集和解析成本，将在很大程度上削减投资者的收益，因此，投资者需要专业人员的指导，这一点西方文献已有提及。Moshirian等（2009）研究发现，成熟资本市场的投资者认为新兴资本市场的投资环境很差，并且投资风险也很大，同时研究也有很大的难度。因此，对于新兴资本市场的投资者而言，证券分析师的存在就显得尤为必要。

证券分析师能向市场提供相关公司的盈余预测与投资评级建议，通过对获取的信息进行有效的加工与分析，减少市场投资者之间及公司内部与外部投资者之间的信息不对称程度，由此来看，证券分析师的存在是资本市场发展的必然结果。证券分析师利用其专业的优势，通过搜集和分析信息，向客户提供有价值的盈利预测和投资建议。总之，证券分析师的作用主要是综合利用其在公开信息上的分析能力优势及其信息渠道资源优势（即利用与公司管理层的密切联系，获得未公开或半公开状态的信息），将信息分析结果从只属于证券分析师自我拥有的私有信息状态转化为市场公开状态，从而提高资本市场定价效率。证券分析师的信息分析结果对于现代银行、保险公司及其他金融机构来说，也是重要的决策参考依据。

近年来，国内外学者对证券分析师的市场价值进行了深入而细致的研究，从国外来看，在西方国家，个人投资者和机构投资者主要依据证券分析师的研究报告进行投资决策。O'Brien和Bhushan（1990）研究发现，机构投资者的投资决策主要根据证券分析师的研究报告，他们不会去投资那些不被证券分析师关注的股票。Chung 和 Jo（1996）研究认为，证券分析师作为有效的信息中介，为市场提供了许多有价值的信息，从而增加了投资者认知的广度和深度。经验研究结果表明，分析师跟踪与市场价值呈显著正相关关系。此外，Dan 和 Lakonishok（1979）、Stickel（1991）、Womack（1996）等研究对证券分析师的作用给予充分的肯定，都认为证券分析师的研究报告能够给予投资者正确的信息，即投资者利用证券分析师提供的信息能够获得超额收益。在国内，吴东辉和薛祖云（2005）以国泰君安证券研究所对上市公司 2001 年度的盈利预测数据作为研究样本，来检验证券分析师的盈利预测是否具有市场价值。研究发现，证券分析师提供的盈利预测对资本市场上投资者的投资决策有重要的参考价值，因此，可以将盈利预测作为投资者盈利预期的代理变量，该变量能够发现市场对未预期盈利的反应。除此之外，相关学者还从增持或减持等评级建议的角度进行讨论（王宇熹等，2006；王征等，2006），他们发现证券分析师增持评级组合能够使投资者获得正值的超额收益回报率，并且对资本资产定价模型、法玛三因素模型及多因素模型的风险因素调整之后结果仍然显著，但是在减持评级组合里，其超额收益率虽然为负值但统计结果并不显著。王宇熹等（2006）有略微不同的看法。研究以上海申银万国证券研究所有限公司 2000~2004 年的研究报告为研究对象，对证券分析师的投资评级建议的价值进行分析。研究认为，样本中证券分析师的投资评价建议具有一定的信息含量，其中买入与卖出的投资建议具有投资价值，而中性推荐建议则有一定的参考价值。

2. 投资者关系管理的重要组成部分

投资者关系管理将信息从公司传递给投资者或潜在投资者，在手段和方法的选择上必须以投资者的需求为依据；投资者关系管理不是一个单向的信息传递过程，公司在向投资者传递信息的同时，也从投资者处收集信息，在投资者和公司之间形成良好的互动；投资者关系管理的目的是使公司价值最大化。投资者关系管理是公司战略管理的重要组成部分，它对于增强投资者信心，降低公司的融资成本，提高核心竞争力，最终实现上市公司价值最大化的财务管理目标，具有至关重要的作用。近年来，投资者关系管理的市场价值已经日益受到企业管理层的高度重视，但关于投资者关系管理的内涵和外延，学术界至今尚未形成共识。Armon 将投资者关系管理分为两类，第一类投资者关系管理与证券监管机构关于股票交易的监管规则基本一致；第二类投资者关系管理实质上是一种战略方法论，它不仅能满足向市场传播公司信息这一最基本的要求，而且有助于实现投资者关系的真正透明化。此外，通过引导投资者对公司进行现实、恰当的估价，起到稳定公司股价、降低公司资金成本的作用。Marcus 指出，投资者关系管理的作用已经超越了向投资者展示公司财务状况与经营前景的范畴，它还具备对市场参与者进行教育及优化公司战略的功能，这将在一定程度上降低投资者对风险溢价的要求，相应地使股票价值得以显著提高。Gregory（1997）通过进一步研究指出，投资者关系管理是公司整体沟通的重要组成部分，公司与投资者之间的良好沟通，是公司向市场传递积极信号的过程。美国投资者关系协会（National Investor Relation Institute，NIRI）于 2001 年 9 月对投资者关系管理做出如下定义：所谓投资者关系管理，是指上市公司通过管理公司向财经界和其他各界传播信息的内容和渠道，从而展示公司的市场价值和前景，促进市场合理估价和降低融资成本，提升品牌形象，最终实现公司利益相关者价值最大化。通俗地说，投资者关系管理是指上市公司综合运用财经传播和市场营销的原理，通过充分的自愿性信息披露加强公司管理层与投资者和潜在投资者的沟通，增进投资者及社会公众对上市公司的了解与认同，建立公司与投资者之间的良好关系，提高投资者的满意度及其对公司的忠诚度，引导其理性投资，并在公众中树立公司的良好形象，为公司顺利降低融资成本、实现资本经营战略、提升股价创造良好的外部环境，最终实现公司价值和股东利益最大化目标的一项战略管理行为。

有效沟通是公司营造良好投资关系的关键所在，在投资者关系管理中，公司与投资者沟通的内容是与投资者决策相关的信息，而不仅仅是强制信息披露要求的信息。有效沟通过程离不开证券分析师，因为证券分析师作为信息中介，架构了上市公司和投资者之间的关系桥梁。一方面，证券分析师拥有的专业知识和执业技能，使得他们在信息解读与预测能力等方面具有明显的优势，可以帮助他们较为深入、全面地分析信息，同时，他们在信息的获取方面也有职业赋予的优势。证券分析师通过搜集和分析这些信息，向投资者提供盈利预测和投资建议。另一方面，证券分析师把投资者对股票发行公司的体验看法、前景判断、期望建议等信息反馈至公司管理层，这对于公司的经营和发展也起到很好的促进作用。可以说，证券分析师的存在有效地促进了上市公司与投资者之间的双向沟通。

3. 证券分析师行业的发展

1）证券分析师的含义

证券市场的发展带来种类繁多的证券交易产品，其交易方式的复杂程度使得众多投资者望而却步，即使投资者具备一定的经营管理知识，也不一定有足够的时间、精力和能力去全面分析和了解上市公司的经营状况、发展前景、竞争优势和行业背景，以及分析证券市场及证券交易的现状和趋势，况且对于绝大多数投资者来说，他们更是缺乏这些信息的渠道和分析利用这些信息的专门知识和技能。在这种情况下，专业的证券分析师应运而生。

证券分析师是传统的称呼，证券分析师在不同的国家有着不同的称呼。美国一般将其称作金融分析师；在英国，或在经济制度及交易习俗受英国影响较大的国家和地区，如新西兰，通常称其为投资分析师。目前，我国还没有对证券分析师进行严格定义。大致来说，证券分析师是指依法取得证券投资咨询业务资格和执业资格，并在证券经营机构就业，运用证券专业知识与分析技术，以书面或口头的方式向投资者提供投资信息、投资分析与预测、投资建议和投资管理服务的从业人员。可以说，证券分析师既是服务于证券市场和证券交易的从业人员，又是具有经济管理、财会金融、投资证券等方面知识，以及较强的分析判断能力的专家，他们在证券市场和投资者之间发挥着重要的桥梁枢纽作用，证券分析师的职业特征主要表现为以下几个方面。

（1）依法取得证券业从业人员资格。世界各国均规定，证券分析师必须具备满足其职业要求的相关知识、技能和经验，已通过规定科目的考试，并取得相关政府主管部门颁发的从业资格证书。例如，在美国，要取得证券分析师执业资格并非易事，申请证券分析师资格的人员必须通过经济学、数量技术、财务会计、证券分析、资产组合管理等课程的考试，至少需要三年时间才能通过三级考试，每年通过一级。在日本，申请证券分析师资格的人员需要通过二级考试，当然，考试的科目也非常多。我国的证券业从业资格考试始于1998年，申请证券分析师资格的人员必须通过指定课程的考试。

（2）通常具有经济管理专业背景。各国对证券分析师的专业素质的要求非常高。目前，各个国家从事证券投资分析工作的人员中有相当比例兼有金融和工科（与所分析企业的行业有关）两种专业背景，由此可见对证券分析师的素质要求之高。从各国证券从业相关资格考试的科目和范围可以看出，各国证券资格考试的内容几乎都涵盖了经济、法律、金融、数理、证券等多个学科领域的知识，而且考试无论在内容的广度还是知识的深度上，都提出了极高的要求。而且，在我国，申请证券分析师资格的人员必须为大学本科以上学历。

（3）执业工作的独立性。独立性是证券分析师行业的生命，是对证券分析师开展业务的基本要求，也是证券分析师的研究报告和投资建议具有可信性和参考价值的重要保证。由于证券分析师对投资者的投资决策乃至证券市场价格具有较强的影响力，这一行业特殊性要求证券分析师在执业中应当保持客观公正、不偏不倚的中立姿态，要排除诸多利益关系的诱惑与威胁对其研究结论及信息发布产生的扭曲和影响。但是，由于证券分析师通常受雇于各类证券公司、投资机构和咨询公司等，他们在工作中面临着各种可能影响其独立性和客观性的压力和利益冲突，主要包括证券分析师受雇公司争取业务和业绩的压力；证券公司留住大型机构客户的压力；被分析公司管理层要求发布乐观研究报告的压力；证券分析师个人或家属对被分析公司投资所带来的利益冲突。这些压力和诱惑使得他们发布的结论和建议往往带有倾向性、偏见性，甚至使得他们和庄家勾结起来误导、欺诈投资者，损害投资者的利益。因此，证券分析师应保持淡泊心境、耐得住寂寞、经得起诱惑、顶得住压力，要坚守独立性原则和职业道德，立足于专业能力客观地发布研究结论。

(4) 行业自律性。

证券分析师的工作必须向投资者及所跟踪的上市公司负责。各国证券投资咨询行业一般都建立行业自律组织来制定职业道德规范，以指导和约束证券投资咨询人员的执业行为，并对违规人员进行处罚和制裁。例如，投资管理与研究协会（The Association for Investment Management and Research，AIMR）的《美国金融分析师操守规则》、中国证券业协会的《中国证券分析师职业道德守则》，以及法国的《职业道德准则》，均对证券分析师的职业操守和行为标准提出了具体要求。证券分析师在执业过程中必须严格遵守职业道德规范，对故意违反者，行业自律组织将视情节轻重对其进行停牌、吊销执业资格、罚款、赔偿损失、移送司法机关等处罚。另外，各国政府间投资联合会国际协会（International Council Investment Associations，ICIA）作为一个国际性的证券分析师自律组织，也在1998年通过了《国际伦理纲领、职业行为标准》，这是一个指导性质的协议，没有强制性约束，各个国家和地区的证券分析师协会在调整和修订自己的职业行为伦理时，可以用来作为重要参考。

2) 国外证券分析师行业的发展

证券分析师最早出现在20世纪初的美国。证券分析师在产生初期的主要任务是收集有关债券的数据。早期的美国证券市场并不规范，投资者只关心技术投资分析，并不关心公司基本面变化的公司特质信息，证券投机行为极为盛行，证券价格与其内在价值严重背离，证券分析师的存在并未引起投资者的足够重视。直到1925年，首个分析师组织——美国芝加哥分析师协会成立后，证券分析师的影响才开始逐渐扩大。自此，证券分析师终于有了自己的组织，也日益引起世人的关注。尤其是1929~1933年爆发的经济危机，使得众多投资者遭受惨重的损失。投资者开始总结教训，并逐步探索股票的内在价值，这使得证券分析师行业越来越受到投资者的青睐。随着市场投资者对证券分析师日益增长的需求，证券分析师发挥的作用也越来越为人们所认识。正是在这一阶段，证券分析师的代表性人物本杰明·格雷罕姆，于1934年出版了《有价证券分析》这一划时代的著作。该书一经出版便风靡全球，并在后来成为股票市场的经典著作，也由此奠定了格雷罕姆的证券分析大师和"华尔街教父"的不朽地位。格雷罕姆通过对股票的个体特征进行翔实的调查及研究，通过一定的计算，能够确定公司的合理股价，并将其与市场价格进行比较，即可判断当前的股价与其内在价值相比是偏高还是偏低，从而决定买进或卖出该股票。通过对这种方法进行系统化、规范化的梳理和总结，就形成我们今天所说的证券基本分析。此外，在经历 1929~1933 年全球性的股市暴跌之后，美国在 1934 年成立了管制证券市场的专门机构——证券交易委员会（Securities and Exchange Commission，SEC）。从此，资本市场的信息披露制度逐步规范化，以财务信息为主的企业信息披露走上了正常轨道，证券分析师赖以进行投资分析的市场信息环境开始明朗。与此同时，理性投资已经取代市场投机，公司的基本面信息越来越受到投资者的关注，证券分析师作为一个专门职业开始出现在瞬息万变、危机四伏的资本市场中。

为了规范证券分析师队伍，1962 年，美国成立了负责证券分析师资格考试和行业自律的专门组织——特许金融分析师协会（Institute of Chartered Financial Analysts，ICFA），ICFA 于同年正式通过《职业道德和职业行为准则》，并于 1963 年开始组织证券分析师资格考试，考试合格并至少具有三年实践经验者，才可以获得特许金融分析师（Chartered Financial Analyst，CFA）证书，美国证券分析师行业自此走上规范化管理的发展之路。

可以说，美国证券分析师行业的不断发展带动了世界其他国家证券市场的发展。各国开始学习美国证券分析师行业发展的先进经验，全球各国的证券分析师队伍也不断发展壮大。美国证券分析师行业的发展对整个行业的冲击非常大，各国均先后建立了属于自己的行业自律组织。各国之间的证券分析师沟通交流也不断扩大。20 世纪 90 年代，欧洲、亚洲、拉丁美洲等区域性的证券分析师行业组织的萌芽已经产生，虽然还没有发展完善到今天这样组织严密的程度，但它们的出现为后来行业组织的正式成立奠定了稳固的基础。

目前，许多国家都成立了本国的证券分析师组织机构，并且随着组织机构的不断壮大，一些区域性的证券分析师团体不断涌现。例如，AIMR 是主办全球认可的特许金融分析师课程内容及考核的非营利专业机构，它是全球最具影响力且影响范围最广的证券分析师团体，该机构隶属于美国和加拿大。该机构的前身是金融分析师联合会（Financial Analysts Federation，FAF）和 ICFA，它们分别是成立于 1947 年的地区性证券分析师公会，以及成立于 1962 年的注册证券分析师协会，这两个组织于 1990 年合并后才最终形成 AIMR。

除此之外，1962 年成立的欧洲证券分析师公会是由 19 个欧洲国家组成的。亚洲证券分析师公会的萌芽产生于 1979 年，随着亚洲证券市场的发展，各地相继成立了证券分析师协会，并在 1995 年改组成现在的亚洲证券分析师公会。公会现有 12 家会员单位，会员总数 26 000 人。1998 年的拉丁美洲证券分析师公会（Fed Latino-Americande Associationesde Analistas Financieros，FLAAF）是以巴西协会为中心，加上墨西哥、阿根廷，于 1998 年主办成立大会。其后，由于货币危机的影响，尚未正式创立公会。

从国外证券分析师的发展来看，证券分析师行业的发展经历了一个从自发无组织到有组织和行业规范的过程。美国、日本等国家早期证券分析师的地位很低，几乎在每一个国家证券市场起步初期，证券分析师或类似人员都有过不受重视的经历。其主要原因是，证券市场产生的初期，噪声交易、非理性投资行为盛行，投资者完全没有价值投资的理念。市场价格的形成主要由资金供求关系决定，并不反映公司财务的基本状况，因此，关于公司基本面的信息（即公司特质信息）无法引起投资者的重视，此时的公司股价并不反映其内在价值，证券分析师也就不受重视。随着资本市场的不断发展，证券分析师行业也在不断发展，价值投资的理念深入人心。可以说，证券分析师行业的发展是资本市场成长的印证，它随着证券市场的产生而产生，随着证券市场的阶段性发展而不断发展。在证券市场不同的发展阶段，市场和投资者对证券分析师需求的变化使得证券分析师承担着不同的市场职能要求。同时，作为信息中介，证券分析师的主要职能就是向市场提供有效的信息服务，为广大投资者进行正确的决策服务奠定基础，因而，证券分析师的发展带有明显的市场驱动特征和政策影响特征。

3）我国证券分析师行业的发展

与发达资本市场国家不同，我国证券分析师的发展较晚，起点也很低。大约在20世纪80年代证券分析师的萌芽才开始出现。那时还没有形成规范的专业组织，证券分析师主要在一些大城市的一级市场上通过口头传递信息指导股市操作。自90年代开始，一些证券公司的证券营业部为了吸引投资者投资证券，免费为投资者尤其是中小投资者进行投资理财的培训指导。由此开始证券分析师迅速占领投资咨询服务市场，尤其在20世纪90年代初，上海与深圳开始成立大型专业的投资咨询营业机构，这里的证券分析师最早通过模仿西方证券分析师的分析技术，并通过整理各类资讯信息开始为投资者提供投资决策服务。他们通常被称为股评家，而不是被称为现在的证券分析师。

由于没有规范的行业组织监管体系，股评家在当时也被称为"股市黑嘴"，他们工作业绩提升的主要依据是其是否有内部消息。部分证券分析师丧失了声誉，以至于被称为"股市黑嘴"。作为证券分析师的股评家一边在媒体等公众平台上进行股票评论，一边又在代资金提供者进行理财，他们的公信力因为自利行为逐渐减弱。自1996年以来，证券分析师开始转向公司基本面的研究。证券分析师行业近几年不断积累壮大，逐渐形成一个行业团体。在这个团体里有各种类型的证券分析师，他们隶属于不同的研究咨询机构，有服务于证券投资咨询机构的证券分析师，有服务于券商，如投资银行等旗下的研究咨询机构的证券分析师，还有不附属于任何营利机构的独立证券分析师。

从 1997 年发布的《证券、期货投资咨询管理暂行办法》及紧随其后于 1998 年发布的《证券、期货投资咨询管理暂行办法实施细则》之后，证券分析投资咨询等行业开始步入法制轨道。1999 年颁布的《中华人民共和国证券法》又更加稳固了该行业证券分析师从业人员的法律地位。其后，在 2000 年，证券分析师所属行业委员会正式成立，这不但表明证券分析师这一身份正式被确认，更标志着我国证券分析师从业人员步入法制化管理的轨道。

在 2000 年，我国证券分析师行业协会对外正式颁布《中国证券分析师职业道德守则》，该守则对证券分析师的身份进行确认，指出证券分析师是专门从事证券投资咨询业务的从业人员，这些人员已经取得中国证券业协会认可并颁发的行业从业资格证书，其有资质帮助投资者进行投资分析或者向市场发布研究报告等。该执业道德准则颁布之后对证券分析师不断提高自身业务水平、保持应有的职业道德素质起到了规范引导作用。

2001 年，中国证券监督管理委员会（以下简称证监会）又向社会颁布《关于规范面向公众开展的证券投资咨询业务行为若干问题的通知》，其主要目的是保护投资者权益，避免受到不良声誉的证券分析师的投资误导从而引发投资失利行为。众所周知，证券分析师为了维护其所在经营机构的经济利益，有时会以投资者的损失为代价。行业准则及规范的陆续颁布对制止这样的不良行为起到很好的抑制作用。

2002 年 12 月，为了更好地对证券分析师行业加以管理与约束，原证券分析师专业委员会被废止，取而代之的是中国证券协会证券分析师委员会，其主要宗旨是保证证券分析师从业人员更好地为机构投资者和中小投资者进行投资服务。

当前证券投资咨询机构往往有三种存在形式，第一种是自负盈亏、独立经营的专业研究咨询机构；第二种是附属于证券公司，不属于法人，不能独立经营的各种研究所或中心；第三种是实行企业化运作的研究机构，这些机构前身附属于证券公司，现已从证券公司中独立出来。

证券分析师无论为哪类投资咨询机构服务，他们最终的研究成果便是供各类投资者使用的研究报告。证券分析师为不同的群体服务决定了他们的不同身份。第一类是独立型证券分析师，第二类是买方证券分析师，第三类是卖方证券分析师。其中独立型证券分析师不在任何机构任职，他们根据协议向各类投资者提供有偿服务，他们不从属于任何营利机构，因而他们的研究报告相对独立。但是投资者需要付费，这里主要指的是中小投资者。考虑到成本收益问题，很多中小投资者并不愿意花费成本去购买供投资使用的研究报告。买方证券分析师供职于大型的投资机构，如基金公司、投资咨询公司等，他们的研究报告是为了这些资金的投资回报而进行投资分析的，他们所建议购买的股票正是基于这一原则。由于主要是为大型投资机构服务，一般来说，他们的研究报告不对市场公开，中小投资者也很难得到这样的研究报告。卖方证券分析师的研究报告则是供大多数投资者使用，他们供职于承销商，如投资银行或证券公司，他们发布的研究报告主要是为了吸引投资者购买其所承销的股票等证券资产，这些研究报告往往是免费的。一直以来，关于他们的独立性质疑及盈余预测的可靠性曾引起西方学者的热烈讨论。而被投资者经常提及的证券分析师指的也是卖方证券分析师。

2.2.2 卖方证券分析师的发展概况及其主要市场行为

1. 卖方证券分析师的发展概况

资本市场是上市公司筹融资的主要渠道，价格发现是它发挥筹融资功能的最重要的保障。有效的证券市场是实现公司证券有效定价的不可缺少的条件。然而，目前我国的资本市场存在着严重的信息不对称现象，投资者完全处于信息劣势，他们没有阅读财务报告的专业知识，同时投资者之间的信息搜集及分析能力也存在巨大差异，这必然会导致低效的市场定价效率。资本市场上会出现这样的情况，即部分具有资金优势的力量再辅以信息优势，就会扰乱正常的交易秩序，严重影响资本市场的健康发展，因而信息不对称的资本市场亟须证券投资研究。顺应形势的发展，20世纪90年代末，君安证券研究所首次将真正意义的证券投资研究引入我国，卖方证券分析师群体逐渐兴起。可以说，1999年8月国泰证券与君安证券合并后组建的国泰君安证券研究所是在我国证券市场最早成立行业公司部、倡导"上市公司调研"的研究机构。伴随如火如荼的多头市场，越来越多的证券公司开始陆续兴建研究机构。

从这一时期开始，我国证券市场出现以国泰君安证券股份有限公司、申银万国证券股份有限公司、中国国际金融有限公司为代表的立足于卖方研究和服务的券商（或投资银行）的研究机构。随着一系列投机泡沫事件的爆发，价值投资理念已经引起投资者的重视，因而对卖方证券分析师提供的研究报告的需求也越来越大。截至2007年底，侧重卖方研究的券商研究所已达到28家，拥有行业研究员超过1 200人。据中国证券业协会统计，目前在我国的110家证券公司中，具有独立研究部门者为75家，占证券公司总数的68%。除了近30家券商研究所定位为卖方研究外，其余40余家券商的研究部门也开始陆续对外发布研究报告，以期形成一定的影响力。以下是我国卖方证券分析师数量和券商研究所数量的历年增长情况，如图2-1所示。

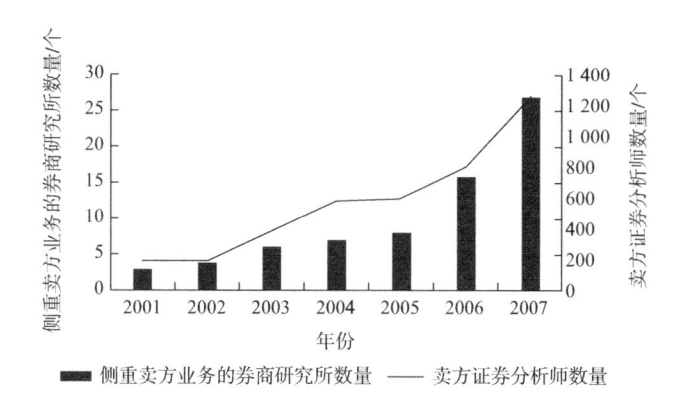

图 2-1　我国卖方证券分析师数量和券商研究所数量的历年增长情况图

表 2-1 是在 2007 年 1 月 1 日到 2008 年 8 月 31 日的 20 个月内,按行业分类的分析师跟踪数量。

表 2-1　按行业分类的分析师跟踪数量　　　　　　　单位:个

行业	券商跟踪数量	分析师跟踪数量	行业	券商跟踪数量	分析师跟踪数量	行业	券商跟踪数量	分析师跟踪数量
农林牧渔	51	61	采掘	47	74	食品饮料	55	83
纺织服装	31	45	造纸印刷	36	43	石油化工	47	92
电子	40	85	金属、非金属	50	77	机械设备	49	135
医药生物	52	90	其他制造业	52	72	公用事业	56	101
建筑	40	59	交运仓储	48	102	信息技术	52	106
商业贸易	53	82	金融保险	53	104	房地产	52	72
社会服务	48	73	社会传播	28	30	综合类	36	83

2. 主要市场行为

证券分析师是我国资本市场具有影响力的信息中介,承担着一项重要的使命——为我国的资本和资产定价。有学者将卖方证券分析师比做信息不对称市场中的"蝴蝶"。他们左边的翅膀连着投资者,右边的翅膀连着上市公司,是重要的信息沟通者。一旦锚定上市公司,他们会密切跟踪所覆盖的上市公司,通过研读财务报告及直接访谈等多种渠道,尽可能地搜集影响资产价格的各种信息。在此基础上,根据统计技术、价值分析方法及对上市公司和资本市场的系统性理解,对标的资产进行投资价值分析,最终形成含有盈余预测与投资评级建议的研究报告。他们的主要工作职责包括以下两个方面。

(1)进行信息搜集与加工提炼。在瞬息万变的证券市场上,尤其是我国新兴加转轨的资本市场上存在着大量的个体投资者,他们无法捕捉变化莫测的市场信息,同时也不具有专业的报表解读能力。证券分析师一般有着深厚的专业背景,能通过阅读财务报表等公开信息及频繁参加公司新闻发布会和到公司进行走访等途径收集信息,并且能从复杂多样的外界信息中提炼出投资者需要的投资信息,从而引导投资者进行理性投资。值得一提的是,在证券分析师加工分析的过程中,他们主要围绕宏观经济信息、行业信息、公司信息及市场与股票运行特征信息进行分析:①宏观经济分析。分析证券市场首先要研究宏观经济的基本面,宏观经济运行状况主要包括国家经济的运行情况、对外贸易状况及财政、货币、税收等方面的情况。可以说,证券市场的变动趋势与宏观经济状况有着密切的关系,宏观经济的发展状况直接影响着证券市场的走势,同时,证券市场的发展状况也是宏观经济运行好坏的一种表现形式,因而证券市场有宏观经济"晴雨表"之称。②行业分析。任何一个公司都处于特定的行业背景中,其发展状况必然离不开行业环境。证券分析师通过研究公司所处行业的商业周期、上下游行业的发展趋势、该行业在国际市场中的竞争地位及行业内主要竞争对手的经营管理机制,进一步对公司未来的经营战略和发展状况做出预测。宏观经济分析和行业分析都属于定性分析,尽管证券市场对定量分析要求很强,但定性分析却是财务分析和投资分析的出发点,财务分析和投资分析中的许多假设前提实际上都是宏观经济与行业分析的结果。③公司分析。证券分析师对宏观经济信息及行业信息进行分析最终是为了更准确合理的预测公司信息。要对公司信息进行分析,除了宏观经济分析及行业分析等基础性的分析之外,证券分析师还应对公司披露的信息及私有渠道获得的信息进行分析。这些公开披露的信息主要有财务报表、上市公司公告等,私有信息则主要是从与上市公司管理层实地接触及访谈过程中得到。这些公司信息的具体内容不外乎以下几个方面,即了解和分析公司过去及现在的市场竞争力、产品的市场占有率、产品的定价策略、经营情况、投资情况、影响上市公司经营目标实现的因素及各因素变动对经营目标实现所起的作用,通过分析各影响因素的变动来判断公司未来的经营情况,从而研究公司股价的未来走向,为投资者及潜在投资者提供与投资决策有关的公司特质信息。④市场与股票运行特征分析。以上三种分析属于基础分析,市场与股票运行特征分析属于技术分析。证券市场与股票的运行具有一定的特点和规律,许多投资分析理论就是根据市场与股票运行的特点来总结规律,进而推测公司股票未来的前行方向。

(2)提供盈余预测与投资评级建议。证券分析师前期的信息搜集与分析加工的最终目的是对所跟踪的公司进行盈余预测及提供投资评级建议。盈余预测的具体内容包括主营业务利润预测、每股盈余预测等。投资评级建议包括对于某一特定股票是买入、卖出或是持仓观望、组合投资等。另外,需要指出的是,证券分析师提供的投资建议通常不会基于某一个特定的投资者,而是根据市场上投资者的平均水平给出。因此，投资者在进行投资决策时，仍需要结合其他因素（如投资者的实力、投资意图、风险偏好、税收考虑等）决定是否投资、采用什么方式进行投资、投资多少等。

在证券分析师搜集信息、加工信息及进行盈余预测的过程中离不开与上市公司、投资者和监管部门的有效沟通。证券分析师作为上市公司与投资者之间的信息桥梁，其在资本市场的发展历程中所充当的信息中介角色不容忽视，其与上市公司、投资者和监管部门进行沟通是发挥其信息中介功能的重要途径：①与上市公司进行良好的沟通能帮助证券分析师接触到实质性的公司信息。通常情况下，证券分析师与上市公司沟通的主要方式包括与高管层直接接触、参加股东大会及定期组织证券分析师会议。②证券分析师研究报告的使用者是投资者及潜在投资者。与投资者沟通一方面可以使证券分析师获悉投资者的情绪，从侧面对其跟踪的上市公司进行了解；另一方面可以使证券分析师的研究报告更好的输送给广大投资者，从而对投资者的投资决策进行指导。③与监管部门沟通是证券分析师反映投资者的呼声，并提出政策性建议的重要途径。证券分析师作为与投资者和上市公司沟通交流较多的专业人员，一方面，他们熟悉上市公司的信息披露制度及其他各种公司管理制度，对公司的各种违规操作多有洞察，另一方面，他们通过聆听投资者的心声，了解投资者的情绪和期望。因而证券分析师通过与监管部门的有效沟通，可以改善广大投资者所处的投资环境，降低投资者的投资风险。

第3章 文献回顾

在瞬息万变的资本市场中,证券分析师是投资者重要的信息提供者,据美国财务高管研究机构1987年的调查发现,公司年度财务报告、公司季度财务报告、证券分析师的研究报告、SEC的10-K(年度报表)文件及公司管理层讨论是五种最常使用的财务信息来源。

在这五种财务信息来源中,证券分析师的研究报告的重要性仅次于公司管理层,是投资者第二看重的投资信息来源,可见证券分析师的作用已不容忽视。

Femadez(2001)研究指出,证券分析师在资本市场中扮演信息传递者的角色。他们通过各种途径了解公司相关信息,并将私有信息通过研究报告的形式向市场传递,从而缓解公司与投资者之间的信息不对称程度。关于证券分析师的信息功能角色也得到美国高等法院与证券交易委员会的认可。他们认为,证券分析师作为信息桥梁的角色不容置疑,证券分析师通过向市场传递角色增强了资本市场的资源配置效率,由此保护了投资者的投资权益。

从20世纪60年代末起,相关学者围绕不同领域对证券分析师展开一系列的研究。研究主要从两个不同方面展开,一部分学者围绕证券分析师评级荐股及盈利预测等的市场反应展开研究,这类学者多是金融(财务)学者,他们的研究对投资者权益的保护,对资本市场的资源配置效率及资本市场监管起到了重要作用。另一部分学者围绕证券分析师的盈余预测本身的特性展开研究,对会计信息价值提供了基础性研究。进入20世纪90年代以后,这两部分学者关于证券分析师的研究展现出交叉研究的趋势,主要包括以下五个研究主题:①证券分析师面临的利益冲突关系研究。这一主题的研究主要包括承销商分析师与非承销商分析师的盈余预测准确性的研究;分析师声誉机制与盈余预测偏差的研究;基于公司管理层、机构客户及所在公司压力下的证券分析师盈余预测偏差的研究;分析师预测偏差影响因素的研究[1];证券分析师声誉的研究等。②分析师盈余预测作为市场期望的指示变量。研究的主题涉及分析师盈余预测的准确性研究,以及分析师盈余

---

[1] 如公司透明度与分析师盈余预测准确性的研究、公司治理结构特征与分析师预测偏差的研究等。

预测与以历史盈余为基础的时间序列模型预测，哪一个预测更准确；证券分析师盈余预测偏差研究；证券分析师预测属性研究，证券分析师预测能否作为市场期望指示变量。③基于行为金融学角度下的证券分析师心理偏差研究。相关学者主要围绕证券分析师的行为展开研究，如证券分析师在做出盈余预测时，是否存在反应效率低下（如反应过度或反应不足）。如果存在反应不足或反应过度心理偏差，那么对股价将会产生怎样的影响等。④证券分析师盈余预测及投资建议是否具有信息含量。这一主题的研究内容包括分析师股票评级的市场反应，如股价是否对买入、中性及卖出评级建议信息具有不同的反应；分析师盈余预测调整和投资评级建议调整的市场反应研究及这些市场反应的影响因素研究；分析师盈余预测信息对于股票评级的影响研究；分析师预测目标价格对于股票评级的增量信息研究。⑤证券分析师在资本市场中扮演的角色研究，即市场功能定位研究。这一主题的研究包括证券分析师的信息功能研究及监督功能研究，如能否承担信息中介角色及市场监管角色；证券分析师能否提高证券资产定价效率研究；分析师跟踪对股价信息含量的影响研究；分析师跟踪对股票流动性的影响研究；分析师跟踪监督功能研究，如分析师跟踪与公司盈余管理的关系研究及分析师跟踪与公司的信息披露透明度等。国内大多数学者进行了前面四个方面的研究，而对最后一点，即关于证券分析师在资本市场中的作用，则很少有学者系统地进行研究。本书主要着眼于证券分析师在资本市场中的作用研究。

3.1 分析师跟踪与信息效率的研究

Grossman 和 stiglitz（1980）研究得出，完全有效的资本市场在现实世界中是不可能存在的，也就是说股价不可能将所有信息都反映出来，这主要是信息获取成本导致的。正是由于获取信息要花费一定的代价，基于成本效益原则的考虑，股价反映的只是部分公司信息，这些信息的获取成本要小于未来从股价收益上获得的回报。这些现实资本市场中信息效率的独有特征是笔者在构建理论模型的基础上进行深入研究得到的稳健结论。

3.1.1 分析师跟踪与信息不对称的研究

分析师跟踪人数作为信息可得数量的代理变量被许多学者证实及使用。Skinner（1990）、Brennan 和 Hughes（1991）、Shores（1990）都有相似的研究结论，如Skinner（1990）研究认为，公司期权上市后，分析师跟踪的人数越多，表明将会有更多的公司信息被挖掘出来并被传播。Keskek 等（2014）研究认为，证券分析师在信息挖掘及分析方面充分体现了信息中介功能。有学者利用分析师跟踪人数进行了大量的研究。Shores（1990）在研究中期报告的信息含量时，将分析师跟踪人数作为信息可得数量的指示变量。Brennan 和 Hughes（1991）在研究股票分割与信息披露模型中将分析师跟踪人数作为信息可得数量的指示变量。除此之外，Imhoff 和 Lobo（1992）、Atiase 和 Bamber（1994）、Wiedman 和 Marquardt（1998）也将分析师跟踪人数当做是可获得公共信息的数量的代理变量来使用。

Chung 等（1995）研究认为，证券分析师与投资者之间的关系是相互作用的，投资者影响证券分析师的市场功能发挥，证券分析师也影响投资者的投资效率，双方共同作用的结果是缓解了市场信息不对称。研究证实，公司证券的买卖价差对分析师跟踪有着显著的影响，即证券分析师减轻了公司与投资者之间的信息不对称程度。Lang 等（2003）研究指出，分析师跟踪人数的数量代表企业信息环境良好的程度，也代表投资者对企业的关注程度。

Roulstone（2003）研究得出，证券分析师的特征（分析师跟踪与预测一致性）与公司股票流动性存在着正相关关系，分析师盈利预测分散度与股票流动性之间的关系取决于证券分析师是私有信息的代理变量还是公共信息的代理变量。如果分析师盈利预测分散度与流动性呈正相关关系，则证券分析师主要提供私有信息；如果分析师盈利预测分散度与流动性呈负相关关系，则证券分析师主要提供公共信息。研究得出，股票流动性与分析师跟踪（分析师预测分散度）呈正（负）相关关系，这也证实了证券分析师在资本市场中的作用，即证券分析师通过对市场参与者提供公共信息减少了信息不对称现象，同时也间接支持了分析师跟踪是公共信息数量的代理变量，而非具有竞争性的私有信息的代理变量。

Easley 和 O'Hara（2004）研究发现，分析师跟踪人数较多的公司知情交易和不知情交易的频率都较大，但知情交易发生的概率较低，这是因为分析师跟踪人数的增加会同时导致私人信息和公众信息的增加，并且公众信息增加得更多。

还有一部分学者认为分析师跟踪人数是持有的私有信息的代理变量（Chung et al., 1995; Brennan and Subrahmanyam, 1995; Easley et al., 1998）。这部分学者认为证券分析师可能是私有信息的制造者，他们为少数市场参与者提供了信息优势。分析师跟踪人数作为知情交易者的代理变量，预测一致性作为知情交易者一致信念的代理变量。在 Kyle 模型中，随着知情交易者数量的增加，订单流也会增加。非知情交易者观察到这一现象，最终也会增加公共信息的数量，由此增加市场深度。因此，即使证券分析师的信息仅是针对小部分市场参与者提供，也可以导致流动性的增加。相应地，高的预测分散度（低的预测一致性）使得知情交易者相对于非知情交易者并没有很多的信息优势。因此，预测分散度与公司流动性之间的关系主要建立在证券分析师提供了公有信息的基础之上而非私有信息。

分析师跟踪能有效改善公司的信息环境，因而分析师跟踪数量已被当作信息环境数量的代理变量，相应地，分析师预测准确性与预测一致性被认为是信息环境质量的代理变量（Yu，2009）。

3.1.2 信息环境对股价信息含量的影响研究

Jin 和 Myers（2006）指出，公司透明度的增加可以使更多的公司信息被释放出去，当外部投资者掌握了较多的公司信息之后，这些信息便在股价上反映出来，即股价的波动反映更多的公司特质信息。

在透明度较低的公司里，内部人比外部投资者拥有更多的公司层面信息，内部人利用掌握的信息优势谋取私利的现实必然会抑制外部投资者通过花费信息获取成本获取信息从而获取超额回报的动机，最终会导致较低的股价信息含量，即公司股价波动中更多的是市场信息交易的结果。Jin 和 Myers（2006）以 40 多个经济体为样本进行的实证分析证实了这种观点的正确性。

Fernandes 和 Ferreira（2008）从股价信息含量提高的角度做了实证分析。Fernandes 和 Ferreira 发现，从世界范围来看，在美国跨境上市对股价信息含量的提高具有不对称性的影响。发达国家上市公司在美国的跨境上市能显著提高其股价信息含量，改善上市公司信息环境，其中证券分析师充当了重要的角色；对于发展中国家，却是相反的结果，因为分析师跟踪行为传递了较多市场与行业层面的信息（Chan and Hameed，2006）。

除了信息环境与股价信息含量的研究之外，也有部分学者直接研究信息环境的代理变量——分析师跟踪与股价信息含量二者的相关关系，其中较有代表性的是 Brennan 等（1993）研究的公司的分析师跟踪人数与其股价对信息的反应速度二者之间的相关关系。Brennan 主要利用两种方式进行研究：①根据 Granger 因果检验分析，研究被较多分析师跟踪的投资组合，其股价变化是否领先于被较少的分析师跟踪的投资组合，主要是通过滞后项系数的符号及是否显著来判断；②构造一个投资组合，该组合买入分析师跟踪人数较多的股票并卖空分析师跟踪人数较少的股票。通过分析组合收益率与市场收益率的相关关系来判断分析师跟踪人数与股价信息含量之间的关系。实证结果显示，分析师跟踪人数较多的公司，其股票定价引导了分析师跟踪人数较少的公司。具体来说，在控制了公司规模因素之后，分析师跟踪人数较多的股票组合的股价变化领先于分析师跟踪人数较少的股票组合；分析师跟踪人数较多的股票对市场收益率的反应快于分析师跟踪人数较少的股票。由此证实了分析师跟踪人数与股价对信息的反应速度存在显著的正相关关系。另外研究还指出，分析师跟踪人数多的公司，其股价对信息的反应速度是分析师跟踪人数的增函数，分析师跟踪的边际效应随着分析师跟踪人数的增加而增加。

Hong 等（2000）在考虑公司规模的影响下，研究分析师跟踪对股价惯性现象的影响，通过实证检验得出：①除最小市值的部分股票外，惯性策略的盈利性随着公司规模的增加而迅速减小；②保持一定的公司规模下，对于分析师跟踪人数较少的股票，惯性策略的效果较好；③分析师跟踪对股票信息反应速度的促进作用对于不同信息来说是非对称的，即分析师跟踪对于过去的"输家"（相应地处于坏消息时段）的影响比过去的"赢家"（相应地处于好消息时段）更大。Hong 等（2000）的解释是，因为坏消息的传播速度比好消息慢，因此，证券分析师才能发挥更大的纠正作用。总的研究结果表明，证券分析师对于提高股价对信息的反应速度有帮助，并且对于特定性质的公司（本书中是指处于坏消息时段的公司）帮助更大。

Ayers 和 Freeman（2003）检验了卖方证券分析师与买方证券分析师能否影响公司的股价信息含量，具体地讲，相较那些分析师跟踪人数较少的公司而言，分析师跟踪人数较多的上市公司中，其股价能否更早的反映公司未来盈余信息。研究结果显示，分析师跟踪活动使得公司股价能以较快的速度反映公司未来盈余信息，从而有效揭示了分析师跟踪活动能够提高股价信息传播效率。

Gleason 和 Lee（2003）研究了证券分析师修正预测值时，引起股价发生变化的影响因素。研究结果显示，相比分析师跟踪人数少的公司，分析师跟踪人数多的公司股价调整的速度更快，且对新增信息的吸收更完备。同时，研究也证实分析师跟踪水平的增加导致与分析师预测修正有关的更小幅度的价格飘移，暗示在个体证券分析师进行预测修正时，分析师跟踪人数的增加将更有助于市场价格发现。

也有国外学者在直接研究分析师跟踪与公司股价同步性的相关关系时，得出了不同的结论。例如，Piotroski 和 Roulstone（2004）的经验研究结果显示，分析师跟踪与公司股价同步性呈正相关关系。证券分析师的研究活动主要反映行业信息及市场信息，更多的情况下，他们充当信息桥梁的角色，即传送行业内的信息，从而引起公司股价同步波动。同样地，Chan 和 Hameed（2006）检验了新兴资本市场上分析师跟踪与公司股价同步性的关系。与传统的观点，即证券分析师提供了公司的特质信息不同，Chan 和 Hameed 发现，更多的分析师跟踪引起公司股价同步性的增加。而且，当公司盈余预测分散度较高时，分析师跟踪对股价的影响会减少。由此证实证券分析师主要向投资者提供市场信息。然而，Schutte 和 Unlu（2009）利用 1984~2006 年证券分析师首次跟踪的公司样本数据，检验证券分析师在股价波动过程中能否减少噪声交易，研究发现：①分析师跟踪以后的年度，公司的噪声交易显著减少。②在首次跟踪年度，噪声交易减少的程度是分析师跟踪人数（密度）的函数。研究结果暗示分析师跟踪能够提高公司股价的信息含量。

国内文献中较有代表性的是朱红军等（2006），其通过研究证券分析师与股价同步性、股价信息含量的关系时发现，总体而言，证券分析师的信息搜寻活动能够提高股价的信息含量，使其包含更多公司基本面的信息，降低股价的同步性，从而增强价格对资源配置的引导作用，提高资本市场的运行效率。但朱红军等（2006）的研究仅限于分析师跟踪人数，并没有考察分析师预测属性的影响。姜付秀等（2016）在检验董事会秘书（以下简称董秘）的财务经历与盈余信息质量时发现，财务背景的董秘吸引了较多的分析师跟踪，增加了分析师预测的准确性，降低了分析师预测的分歧度，提升了信息披露质量。本书充分考虑分析师预测属性的影响，同时也研究分析师跟踪对股价暴跌的影响。

3.2 分析师跟踪与公司融资约束之间的研究

3.2.1 分析师跟踪对流动性和资本成本的影响

Demsetz（1968）、Copeland 和 Galai（1983）、Glosten 和 Milgrom（1985）、Kyle（1985）[①]、Amihud 和 Mendelson（1986）、Diamond 和 Verrecchia（1991）研究发现，公司透明度的增加将提高公司股票的流动性，从而降低公司的权益资本成本和证券交易成本，这一结论对证券分析师市场功能的研究至关重要。众多文献证实证券分析师的研究活动可提高公司透明度。例如，Bushman 等（2004）研究指出，公司透明度的两大要素分别是信息披露与分析师跟踪。更多的信息披露意味着更多的公有信息被传递至市场投资者手中，这可以缓解逆向选择的问题，并增加流动性（Daske et al.，2013）。更多的分析师跟踪意味着公司更多的私有信息被挖掘出来并向市场释放，大量公司内部和外部信息的释放缓解了公司与投资者之间的信息不对称程度。Easley 等（1998）研究发现，被证券分析师吸引而来的非知情交易者越多，股票的流动性也就越大。原因在于，信息含量高的公司股票信息成本较低，从而降低投资者的交易成本，因而相比那些信息含量较低的公司股票，投资者热衷于交易信息含量较高的公司股票。由此，对于那些分析师跟踪人数较多的上市公司而言，证券分析师通过影响股价信息含量最终影响了股票流动性，由此降低了公司资本成本（Brennan and Tamarowski，2000）。

---

① Kyle（1985）证实了非知情交易者可获得信息的数量及质量与公司股票流动性呈正相关关系。非知情交易者获得信息越多，市场深度越大。更多的证券分析师对公司进行分析会使非知情交易者获得更多信息，从而导致更高的市场流动性。

Yohn（1998）在盈余公告前后检验了报价价差与分析师跟踪之间的关系。研究发现，盈余公告前后的报价价差随着分析师跟踪数量的增加而减少，由此验证证券分析师的研究活动能够向市场参与者提供有效信息，从而减少公司的股票交易成本。

Holden 和 Subrahmanyam、Foster 和 Viswanathan 对 Kyle 模型进行进一步研究发现，知情交易者的参与会使股价以更快的速度反映新增信息。也就是说，随着分析师跟踪人数的增加，公司相关信息就会被更多的投资者掌握，由此影响公司股票的流动性。关于这一点，不少学者后来对此进行了验证。

Irvine（2003）在研究证券分析师对公司价值的影响中，指出产生正面影响的主要原因是证券分析师提高了公司股票的流动性。Irvine 用首次分析师跟踪数量进行研究，证实分析师跟踪与股票流动性之间呈正相关关系。

Brennan 和 Tamarowski（2000）研究指出，公司信息环境的改善将会减少证券分析师的信息获取成本，由此会吸引更多的分析师跟踪人数，而分析师跟踪人数的增加又会提高公司的股票流动性，对公司的股票收益产生影响，进而影响公司股票定价效率。分析师跟踪与股票流动性之间的关系也得到 Roulstone（2003）的证实。研究指出，二者存在正相关关系，分析师跟踪的增加导致公司证券的市场流动性增加。

在我国，薛冠甲等（2008）通过实证检验也得出相似的结论，即上市公司股票的流动性随分析师跟踪人数的增加而增加。但李颖等（2017）从证券分析师对不公平信息披露的视角研究发现，证券分析师群体提前释放信息并不会抑制股票流动性，但明星分析师提前释放信息却会抑制股票流动性。

证券分析师通过跟踪上市公司对股票流动性产生影响，主要体现在以下两条途径：①证券分析师通过对上市公司调研，发布专业化程度较高的研究报告，即向市场提供与公司相关的盈余预测信息及股票评级。通过向市场提供更多的公司信息，缓解公司与投资者之间的信息不对称程度，最终影响公司的股票流动性。关于这一点，Brennan 等（1993）的研究提供了来自国外的检验支持证据。研究发现，在考虑公司规模等控制变量之后，对于分析师跟踪人数更多的公司，其股价对新信息的反应速度更快。②证券分析师提供的研究报告的主要使用者是机构投资者，当机构投资者愿意向证券分析师提供更高的报酬时，证券分析师可能会将更多的私有信息发布给机构投资者。在这种情况下，私有信息会随着分析师跟踪人数的增加而增加，最终将使订单流反映出更多的私有信息。非知情交易者在订单流中会发现更多影响其投资决策的信息，从而增加公有信息，最终导致公司股票流动性的增加。由此证实了证券分析师作为信息中介在促进股票市场信息共享方面的作用。

以上研究都是两层关系的联合检验，即分析师跟踪和信息不对称之间的关系及信息不对称和股票流动性之间的关系的检验。

也有直接检验分析师跟踪与资本成本之间关系的研究，如 Bowen 等（2004）研究认为，分析师跟踪能够降低信息不对称，分析师跟踪人数越多的上市公司其增发配股的抑价程度越低，即股权融资成本越低。

以上是从资本成本的角度研究分析师跟踪与公司融资之间的关系。本书并未直接计算资本成本，主要是通过探讨分析师跟踪与融资约束之间的关系间接验证其对权益融资成本的影响。

3.2.2 分析师跟踪与公司融资约束和投资效率的研究

1. 融资约束和投资效率的研究

Modigliani 和 Miller（1958）研究指出，理想的资本市场环境下，公司的投资决策不受公司融资结构的影响，即公司的投资行为只考虑项目本身，项目的融资方式不会影响公司的投资决策。研究开创性地提出了投资不受融资方式限制的理论。随后的新古典投资理论包括托宾 Q 理论，也认为企业投资与公司融资方式无关。这些研究的假设条件均是设定为完美的资本市场、内外部融资成本无差异，以及企业投资决策不会受到企业现金流的影响。

古典投资理论在较长的一段时间内受到学者的关注。随着现代经济学与公司财务理论的发展，人们意识到融资方式对公司投资行为有很大的影响，因而该理论开始受到大量学者的质疑，最具代表性的是 Myers 和 Majluf（1984）的研究。Myers 和 Majluf（1984）提出完美的资本市场的条件假设仅是一种理想状态，实际上，现实中不完美的资本市场上信息不对称问题的出现导致公司的外源融资方式所承受的资金成本往往高于内源融资方式所承受的资金成本，企业的投资方式与融资方式有关，即公司在投资决策分析时，都会考虑融资方式的差异。不同财务背景与不同融资结构的公司，其内外部融资成本的差异也不相同。内外部融资成本的差异将会影响公司的投资决策，并且公司投资决策对公司现金流是极其敏感的。这也与公司投资决策不受融资方式的限制背道而驰，究其原因就是完美的资本市场的条件假设在现实中是很难达到的。公司投资决策受融资约束的限制这一发现也被后来的学者证实，较有代表性的是 Fazzari 等（1988）的研究，该研究首次分析了公司投资决策与公司内部现金流之间的相关关系，研究指出，公司投资现金流敏感性与公司融资约束存在正相关关系。研究按照公司规模、股利支付率等公司特征将样本公司分为两组，一组为融资约束组，一组为非融资约束组。研究发现，融资约束组的投资现金流之间的相关关系更强，即存在着更强的敏感性。

此后，各学者从不同角度验证了 Fazzari 等（1988）的观点。Hoshi 等（1991）以日本的公司为数据采集样本，按照公司是否属于大型集团成员对样本公司进行分类。研究证实，大型公司集团外源融资能力更强，与小型公司相比，它们受到资金约束的可能性较小。在此类公司中，投资现金流敏感性较小。随后，Gilchist 和 Himmerg 比较了上市公司与非上市公司之间投资现金流敏感性的差异。上市公司拥有较好的信息优势，其获取外源融资的能力要强于非上市公司，因此，上市公司面临着较少的融资约束，用投资现金流敏感关系来表示则是表现出较低的投资现金流敏感性。

然而，也有不少学者对此存有异议。较有影响力的是 Kaplan 和 Zingales（1997）的研究，研究得出与 Fazzari 等（1988）截然相反的结果，即投资现金流敏感性与融资约束呈负相关关系，也就是说，那些较少受到融资约束的公司，其投资现金流敏感性反而要强于那些受到严重融资约束的公司。详细地讲，研究者将 Fazzari 等（1988）的研究样本中受到融资能力限制的前 49 名公司根据综合财务状况等公司财务特征划分为三个子样本组，通过分析公司内外部融资的能力大小，发现那些投资现金流敏感性较强的公司是融资约束较轻的公司。在采用不同的融资约束衡量指标之后，研究依然支持该结论，并且 Cleary（1999）通过检验也得出同样的研究结论。Cleary 指出，这一"反常"结果揭示了融资约束并非导致投资现金流敏感性的唯一原因，可以用自由现金流假说来解释。在之后的研究中，相关学者建立模型试图做进一步的检验，以 Vogt 为代表，检验了自由现金流假说与融资约束假说哪一个更符合现实状况，更具有解释能力。

归纳起来，关于投资现金流敏感性的争论集中在两个方面：①信息不对称会导致公司内外部融资成本之间存在差异，由此产生的融资约束导致公司的投资不足。具体来说，由于公司管理层与外部投资者之间存在信息不对称现象，相对于非知情交易者，知情（私有信息）一方必然会利用信息优势去获取不正当利益。例如，公司管理层是知情交易者，外部投资者是非知情交易者，知情交易者更能获得关于公司交易及战略决策的相关信息，对公司情况更加熟悉，而非知情交易者作为信息弱势方较少能获得这些信息。处于信息劣势的公司外部投资者必然要求对其风险进行补偿，正是风险溢价的存在才使得公司的外部融资成本高于内部融资成本。此时内源融资与外源融资是有差异的，基于融资成本差异的考虑，公司更倾向于内源融资，主要是内源融资成本低于外源融资成本。当公司面临较高的外部融资成本，而公司拥有较多的投资机会时，公司投资现金流敏感性将会呈现出显著的相关关系。②由公司内部治理结构引发的代理冲突也会导致高的投资现金流敏感性。该理论认为，公司管理者在扩大公司规模时并没有从投资者利益出发，出于自身利益的考虑，他们会将内部资金用于非价值最大化的一些项目，从而导致更高的投资现金流敏感性，而这与过度投资有关。Vogt（1994）、Hubbard

（1998）的研究支持了这一理论。

2. 分析师跟踪与融资约束、投资效率的研究

Kyle 的经典模型也证实投资者喜欢信息透明的公司。在信息透明的公司里投资者获取信息的成本低。Bhushan（1989）指出，如果把分析师跟踪数量作为获取企业私有信息而耗费的总资源，那么分析师跟踪人数越多的企业，相应地就会有更多的私有信息传播给投资者。分析师跟踪人数越多的企业，其信息不对称程度越低。因此，证券分析师作为资本市场的信息中介者，他们为股票投资者提供了有价值的投资信息（Womack，1996），通过减少股票市场的信息不对称现象，降低股票交易的逆向选择成本（Brennan and Subrahmanyam，1995）。

此外，Chang 等（2006）研究认为，证券分析师可以降低上市公司与外部投资者之间的信息不对称现象。一方面，证券分析师广泛地收集各种复杂信息并对其进行加工，以简单易懂的形式提供给大量的非专业投资者。另一方面，证券分析师在与上市公司高管层的接触及实地调研过程中掌握了很多外部投资者无法企及的信息并将其提供给处于信息弱势的外部投资者，从而增大投资者认知的广度和深度，缓解公司的外部融资约束。

3.3 分析师跟踪与公司融资方式选择的研究

现代融资理论研究的核心问题是怎样实现资本结构优化，以实现公司价值最大化。不同的融资渠道会产生不同的资金成本及融资风险。在现代公司资本结构理论中，MM（Modiglian 和 Miller 教授）理论与权衡理论注重企业内部因素对公司融资决策产生的影响，如公司治理、企业税收及破产等企业内部因素。啄序理论和市场时机理论开始将目光转向外部市场因素，考虑外部市场因素对公司融资决策的影响。但此时外部市场因素并未被深入探讨，研究多是浮于表面，未能更深入地探讨具体的市场因子给公司融资结构带来的影响。随着学者不断地对资本市场微观结构理论进行深入的研究，近年来大量的相关文献开始出现，如有学者探讨市场流动性、信息不对称等外部因素对公司融资结构产生的影响。

3.3.1 信息不对称影响下的公司融资方式选择

大量文献的梳理及前文的研究证实证券分析师通过公司内外部信息的挖掘，能够有效地降低公司与投资者之间的信息不对称现象，进而对公司的融资困境起

到缓解作用。

早前就有许多公司理财学者从信息不对称的角度来研究公司的融资结构问题。Myers 和 Majluf（1984）提出了著名的融资优序理论，该理论将权益融资作为最后的融资依赖手段。此后有很多的研究证实了融资优序理论，认为信息不对称影响公司的权益发行。相关学者认为，公司通常在信息不对称程度小的时候进行权益融资。他们认为信息不对称程度（如交易量、买卖价差等）与权益发行密切相关。此后许多学者就这一问题进行了大量的研究，Nathalie（1991）研究指出，信息不对称是影响公司权益融资的一个显著的因素。Harris 和 Raviv（1991）讨论资本结构与信息不对称的重要发展时，指出这个问题的研究已经到了收益递减的阶段。然而，即便这样，关于这个问题的研究仍然在进行。Riley（2001）研究认为，资本结构的形成与信息不对称程度息息相关。信息不对称和逆向选择的普遍存在增大了投资者的投资风险，因而投资者会要求更高的投资报酬率，由此导致的逆向选择溢价增加了公司的外部融资成本，使得公司的一些决策受到影响，如融资结构（债务或权益融资）的选择。

关于直接研究证券分析师影响公司融资方式的文献并不多。Chang 等（2006）认为证券分析师对公司的资本结构有一定的影响，分析师跟踪人数较多的公司，很少依赖市场时机进行权益融资，并且公司很少举债或者进行巨额的权益融资，取而代之的是较频繁的小额权益融资。另外，研究还发现分析师跟踪人数较多的公司目标债务比率较低。

Loughran 和 Schultz（2005）研究认为，公司的权益融资与存在于公司内部所有者及外部投资者之间的信息不对称程度有关，研究将公司所处的地理位置作为衡量信息不对称的代理变量。众多的研究认为，相比偏远的公司，离公司更近的投资者能获得更多的信息，处于城郊的公司其信息不对称程度更高。研究还发现，处于城郊的公司等待上市的时间更长，并且极少进行再次融资。而且，城郊的公司相对于市区的公司而言，其资本结构中权益融资较少，而债务融资较多。

另外，也有从流动性的角度进行研究的文献。Weston 等（2002）研究指出，股票流动性越强，股权再融资费用越低，二者呈负相关关系。正是股票流动性对公司融资成本产生了影响，因此，其也会对公司融资决策产生影响。

这些研究结论都是围绕国外资本市场展开研究的。我国资本市场所处的发展阶段及特殊的国情决定了这些理论不能被照搬使用，我们必须根据我国上市公司的实际数据进行研究分析，尤其是对市场外部因素，如市场流动性、信息不对称对公司融资结构将会产生怎样的影响，需要运用我国上市公司的数据进行进一步验证，从而得出我国的研究结论。根据资本市场微观结构理论，流动性与公司信息不对称对公司融资结构的影响是一致的，原因是流动性强的公司股票交易会使非知情交易者获得更多的公司相关信息，通过股票交易，缓解了信息不对称，最终对公司交易产生影响。

3.3.2 流动性资产定价模式下的公司融资方式选择

资本结构理论、投资理论及股利政策理论被并称为"财务理论的三大核心内容"。随着资本结构理论的不断发展，以权衡理论、市场时机理论及融资优序理论为核心的三大资本结构理论体系产生了。这三大资本结构理论体系都很少或几乎没有涉及与资本市场微观结构的因素。其后，有学者从市场微观结构的角度来探讨公司融资结构问题，但研究此问题的学者却是凤毛麟角。例如，O'Hara（1995）提出，学者应该从市场微观结构的角度去探讨公司资本结构问题，但真正围绕这个角度展开研究的学者在当时是非常少的（Lipson，2003；Lipson and Mortal，2007）。

可以说，市场微观结构与资本结构的研究一直处于平行发展的状态。根据流动性资产定价理论，流动性强弱会影响公司资本成本的高低。通常情况下，流动性弱的证券，由于投资者要面临较高的流动性风险，故其承担着较高的资本成本；流动性强的证券，由于投资者面临着较低的流动性风险，故其承担着较低的资本成本。也就是说，流动性会通过影响公司的资本成本最终影响公司的融资决策（Amihud 和 Mendelson，1986）。

国外相关的研究主要有 Weston 等（2002），其研究了资本市场股票流动性对股票发行费用的影响。研究指出，相比流动性较弱的公司，对那些流动性较强的公司，投资银行通常会对它们收取较低的发行费用，除此之外，流动性较强的公司发行所需要花费的时间也比流动性较弱的公司要少。Lipson 和 Mortal（2007）研究指出股票流动性越强的公司越有利于进行权益融资，相比之下，其越不可能进行债务融资，由此导致较低的财务杠杆，对投资决策也会产生有利影响。总而言之，股票流动性对公司融资决策及对投资均产生了影响。

Lipson 和 Mortal（2009）对公司股票流动性与公司资本结构二者的关系进行了检验。研究发现，公司股票流动性越高，公司越有可能进行权益融资，这意味着相比之下，公司越可能有较低的财务杠杆。Frieder 和 Martell（2006）研究了流动性与资本结构二者的相关关系。研究得出，当股票流动性降低之后，公司权益融资比例随之下降，而财务杠杆将上升，随着财务杠杆的上升，股票买卖价差下降。

国内学者围绕公司资本结构进行了一系列的研究（陆正飞和辛宇，1998；顾乃康等，2007），但鲜有学者从资本市场微观结构的角度进行深入探讨，这一点在当时与国外的学者研究趋势相一致。当然也很少有学者从证券资产流动性与公司资本结构的相关关系展开探讨。国内比较少的学者，如冯玉梅基于市场微观结构视角，考察了市场环境和市场价格行为如何影响公司的融资决策。她利用上市公司的数据进行实证检验，从静态与动态两个不同角度进行观察，经过实证分析，得出证券资产流动性与公司资本结构之间的相关关系。冯玉梅（2006）研究发现，上市公司前一期股票流动性越高，后一期负债相对越少；股票市场流动性越高，公司越倾向于调低其财务杠杆率，流动性越低，公司越倾向于调高其财务杠杆率。基于 Probit 二元选择模型，冯玉梅进一步考察了流动性对资本结构及其变化的影响机理，结果表明，随着流动性增加，上市公司以债务方式进行融资的概率是下降的，以股权方式进行融资的概率是上升的。

实际上，股票流动性作用于公司的融资决策，主要是通过影响资本成本进行传递的，准确地说是通过影响权益资本成本。权益资本成本由于权益资产种类的不同，其资本成本特征也不同，主要分为变动成本与固定成本。因而，股票流动性主要是通过两条线影响权益资本成本的。第一条线是股票流动性对权益资本成本的作用主要表现在发行权益证券所产生的变动成本上。该变动成本实际上就是股票的交易成本，它与股票流动性强弱密切相关。

投资者持有流动性弱的股票，通常情况下，他们会面临较高的预期交易成本，即较高的流动性风险，那么他们必然要求一定的风险补偿，由此产生更高的必要报酬率（Amihud and Mendelson，1986）。并且当权益市场出清之时，公司的权益资本成本就是投资者要求的投资必要报酬率。需要特别强调的是，流动性风险导致的风险补偿，无论构造怎样的投资组合都无法完全避免流动性风险。Amihud 和 Mendelson（1988）研究指出，资本市场任何一笔交易都将产生交易成本。Amihud 和 Mendelson（1989）、Brennan 和 Subrahmanyan（1996）等通过建立不同的实证模型进行研究，发现股票流动性与必要投资报酬率之间确实存在相关关系。与发行股票等权益融资相比，发行债券等债务融资的流动性要高于发行股票等权益融资，假若公司能够更多地采用债务融资，那么就会减少一部分流动性差异导致的交易成本增量，结合债务的其他属性成本及产生的回报综合考虑，就会产生最优的资本结构。关于这一点，Lipson 和 Mortal（2007）验证并支持了这一结论。

如果公司无法发行债券进行融资，那么公司发行股票等进行权益融资造成的横截面差异，即流动性差异也会导致资本成本差异，并且最终对公司的资本结构产生差异。总而言之，相比债务融资，发行股票的流动性越低，投资者必将要求较高的流动性风险来进行补偿，即他们会要求较高的必要投资报酬率。相比而言，债务融资会更加受到青睐，这将使公司具有较高的财务杠杆。

第二条线是流动性对权益资本成本的作用还会通过固定成本传递。这里的固定成本主要是在发行股票等权益融资中产生的发行费用。公司在进行权益融资的过程中，在持有股票净头寸的情况下，承销商会面临着因为逆向选择而带来的存货风险。除此之外，他们还面临着寻找潜在交易者的找寻成本，在交易过程中还面临着交易成本。当发行股票等权益融资的股票流动性提高时，一方面说明公司内外部信息环境改善，信息透明度增加；另一方面也意味着其他成本，如交易成本及找寻成本降低，最终导致较低的发行费用。总之，当权益融资下的股票流动性越强，则企业进行权益再融资的固定成本，如发行费用就会降低，将会使得企业更加青睐权益融资，由此产生较低的财务杠杆。

第4章　证券分析师对股票价格信息含量的影响研究

国内外学者针对证券分析师与信息效率做了大量的研究，为证券分析师的市场功能研究提供了丰富的文献基础。例如，Womack（1996）研究指出，证券分析师有效地充当了资本市场信息中介角色，他们为股票投资者提供有价值的投资信息。他们以其专业的投资分析能力及多渠道的信息获取资源，尤其充分利用与管理层的沟通机会获取大量的私有信息，再通过研究报告的形式将获取的私有信息转化为公有信息状态，提高公司的信息透明度，缓解公司与外部投资者之间的信息不对称程度，最终提高资本市场定价效率。

证券分析师的行为总是受到特定的市场环境的影响。成熟资本市场的监管制度、法律体系等与我国新兴加转轨的资本市场有着众多的差异。因此，我国的证券分析师与信息效率之间的相关关系一直都是学者们关注的焦点问题。证券分析师与"股市黑嘴"能否等同对待，或者说证券分析师向市场提供的是市场噪声还是公司特质信息，一直都是相关学者争相讨论并试图解决的关键问题。

近年来，相关学者以股价波动同步性作为股价信息含量的代理变量，股价波动同步性就是通常意义上的同涨共跌现象。通常情况下，假如资本市场的信息类型都是来源于整个宏观经济运行的市场信息，那么所有股票的价格波动都会受到同一个信息来源即市场信息的影响，由此所有股票的波动趋势都将是同步的，也就是资本市场上的同涨共跌现象。但是，如果除了市场信息之外，还有公司的基本面信息，即公司的特质信息被通过股票流动性反映出来，那么股价的波动趋势必然随着公司的不同而不同，资本市场上股价同步性现象也将下降。基于此，本书试图探讨分析师跟踪人数与股价波动同步性二者之间的关系，由此验证证券分析师向市场提供的信息是否能够反映公司的特质信息，从而进一步探讨证券分析师在提高资本市场信息效率方面能否发挥积极的作用。

目前，在国内，虽然大量的文献研究了证券分析师能够缓解公司的信息不对称现象，但对于其如何影响市场信息及公司特质信息尚没有系统而全面的研究。国内很少有学者研究证券分析师如何通过影响公司水平的信息流，进而在一定程度上影响公司资产的有效定价。在本书中，我们的主要研究目的是检验在我国新兴资本市场上，证券分析师是否能将公司层面的信息植入股价中，以此提高公司股价的信息含量，而并非又是传播市场信息的中介（Chan and Hameed，2006；Piotroski and Roulstone，2004）。

4.1 理论分析与假说提出

4.1.1 分析师跟踪与股价同步性

1. 股价同步性的含义

资本市场上股价反映的信息往往基于两个方面。一方面它反映的是市场信息，也就是对上市公司经营状况都有影响的宏观层面的信息，如行业法规的颁布、财政金融政策的颁布等对整个市场都有影响的信息，其使个股的股价变动与整个市场的股价变动趋于一致。另一方面它反映的是公司层面的信息，也就是反映公司个体的特质信息，只有公司特质信息才会使股价的波动在公司之间表现出差异，这些特质信息包括公司并购、资产重组、公司权益再融资、公司破产清算等能够反映出公司基本价值的信息。正是这些信息使得公司股价的波动与整个市场的股价波动表现出不同的趋势。

股价波动的同步性，即股价随着市场收益率的变动而变动（King，1966），也就是我们通常所指的同涨共跌现象，即股价同时表现出上涨或下跌的趋势，而并没有或者极少把属于公司个体的波动信息反映于股价上。

2. 股价同步性的相关研究

相关学者从各个不同角度对股价同步性展开研究。Morck 等（2000）研究发现，新兴资本市场上的股价同步性现象要比成熟资本市场严重得多，这也意味着在新兴资本市场上，有较少的公司特质信息被提供给外部投资者。Morck 的解释是，弱的产权保护降低了知情交易率，减少了股价波动中的公司特质信息含量，而在强的产权保护下，较高的知情交易率使得股价中含有较高的公司特质信息。Wurgler（2000）从宏观角度探讨公司股价波动同步性会对整个国家资源配置效率产生怎样的影响。研究结论证实，二者呈负相关关系，即各个国家的公司股价波动同步性越强，则国家的资源配置效率越低下。

关于股价波动同步性与股价信息含量的研究，Roll（1988）观察到，股票收益变动的一个重要组成部分并不是由市场与行业的变动导致的。股票收益的残差代表公司层面的信息进入了股价，即除了市场及行业信息以外的公司特质信息对股价变化的贡献力。Roll（1988）利用 $r_{it}=\alpha+\beta_{it}f_{1t}+\beta_{it}f_{2t}+\cdots+\beta_{ik}f_{kt}+\varepsilon_{it}$ 这个多因素定价模型，对各种不同类型的信息对公司股价的贡献力进行分析。模型中，$(f_{1t},f_{2t},\cdots,f_{kt})$ 代表市场公共因素对股票收益率的影响，而回归残差 ε_{it} 则反映市场因素之外的公司层面的因素对股票收益率的影响力。来自市场因素及公司层面因素两部分对股票收益率的影响就是这个多因素定价模型的重要特征。

R^2 代表市场公共因子 $(f_{1t},f_{2t},\cdots,f_{kt})$ 对公司个股收益的影响，而 $1-R^2$ 度量公司特质信息对股票收益的影响。具体来说，知情交易者利用自己了解到的公司未来经营状况的内部信息，通过风险套利交易，谋取超额回报。正是越来越多的私有信息通过交易在股票定价中得以体现，才使得股价波动同步性现象越来越低（Roll，1988）。

$1-R^2$ 越小，股价波动所包含的特质信息越少，即公司特质信息对股票收益的影响越小。$1-R^2$ 越大，说明与市场信息等公共信息相比，有更多的私人信息通过股价被反映出来。由此也说明公司股价的变化更多呈现的是个体变化趋势，而市场同涨共跌现象将下降。因此，Roll（1988）用 $1-R^2$ 来度量股价波动所反映出的特质信息含量。此后 Durnev 等（2001）也研究了公司股价波动与股价信息含量的关系。Durnev 等将公司的股票回报不能被市场与行业回报解释的部分定义为特定公司的股价波动，而将股价信息含量定义为股价中包含的未来盈余信息的数量。这一数量主要从当前股票回报与未来盈余的回归估计中得到。具体衡量信息含量的方法是：①未来盈余的总系数；②当期股票回报对未来盈余的边际影响。研究发现，特定公司的股价波动与衡量股价信息含量的两种方式均呈正相关关系，这意味着股价同步性与特定公司的信息含量有关。

当然，$1-R^2$ 反映的也可能是噪声交易的结果，即市场交易噪声参与者进行的与信息无关的交易活动所造成的价格波动。

此后，de Long 等（1990）、Shleifer 和 Vishny（1997）也同样指出，如果公司股价中特定公司信息代表着噪声交易，那么股价同步性越低，则噪声交易就越多，公司股票的价格背离其价值的程度就会越严重。

在国内，许多学者也针对 R^2 与股价信息含量二者之间的关系进行验证。游家兴等（2006）在 Morck 等（2000）研究的基础上，利用我国上市公司的实际数据对 R^2 与股价信息含量的相关关系进行了分析，随着近几年资本市场的不断发展演变，资本市场平均 R^2 呈现逐渐下降趋势，即 $1-R^2$ 呈现逐渐上升的趋势。

公司特质信息在股价中相对于市场公共信息来说，开始越来越多地被股价反映出来。

陈梦根和毛小元（2007）从股票交易换手率的视角对股价信息含量对投资者行为的影响进行了研究。实证检验发现，股价信息含量越高的股票，其股票交易换手率越高，二者呈正相关关系说明投资者比较青睐信息透明度高的公司。

与 Durnev 等（2003）的研究方法一致，我们将公司股票收益随着市场收益波动的程度作为衡量股价波动同步性的标准。从信息含量的角度来看，股价波动同步性是指影响整个会计年度股价的公司特质信息含量与市场信息含量之和的相对比例。当公司具有较低的股价波动同步性时，较市场信息含量而言，公司股价中特质信息的含量相对较高。Wurgler（2000）、Durnev 等（2004）、Defond 和 Hung（2004）、Durnev 等（2003）证实了对股价同步性的这一解释。基于这些研究，我们用股价波动同步性作为基准，依此来衡量证券分析师的行为能否影响或提高股价波动中公司特质信息的含量，从而提高公司股票信息传播效率，提高公司股票的定价能力。

4.1.2　假说提出

大量的西方文献研究认为，公司的股价同步性与信息透明度存在相关关系。O'Hara（2003）通过构建模型进行研究，最终发现公司信息环境对证券资产定价有着重要影响。信息透明度高的公司会得到投资者较高的评价，因而必然通过股票流动性影响股价的波动。Fox 等（2003）以 1981 年发布的《管理层信息披露与分析》准则为界限，通过研究得出，在实行了该准则之后，公司股价中有越来越多的公司特质信息被反映出来，即公司股票的股价信息含量得到显著提高。

其后几年，有学者也证实了该结论的可靠性。Chan 和 Hameed（2006）以新兴资本市场为例，通过研究得出股价同步性的主要诱因是公司的信息不透明及由此带来的投资者获取相关信息的成本较高。如果提高公司的信息透明度，那么资本市场股票的同涨共跌现象将明显下降。同年，Jin 和 Myers（2006）利用 40 多个经济体进行实证检验也得出了相同的结论，即股价信息含量与公司信息环境密不可分。当公司的信息环境比较糟糕时，公司内部人要比外部投资者更加熟悉公司未来的财务经营状况，投资者要获取公司层面的信息就必须花费更大的代价。在透明度差的公司，外部投资者作为非知情交易者，并不愿意承担公司层面的信息风险，由此导致了较低的股票流动性，也就是说，股价更多的是反映市场层面的信息，而非公司层面的信息。相反，当公司信息环境得到改善，更多的公司层面信息被释放出来，那么外部投资者便会被吸引过来，由此增加股票流动性，而股价也更多地反映公司层面的信息。关于这一观点，有学者从多个不同角度进行验证。2006年，Haggard等以AIMR报告中的信息披露指标为研究变量，运用Jin和Myers（2006）的研究框架进行分析，经过研究发现，股价信息含量与会计信息披露质量有密切联系。当公司的会计信息披露质量较高时，公司股价信息含量较高，公司股价崩盘的风险较低。这主要是高质量的会计信息披露能使投资者获得更多的公司层面的信息，使得股价反映更多的公司特质信息。

Hutton等（2009）研究了公司不透明度与股价同步性之间的关系，发现财务报表不透明度高的公司更易出现股价同步性现象。

证券分析师可有效提高公司的信息透明度，目前，在西方的学术研究中，分析师跟踪人数作为信息环境的代理变量已被广泛使用。分析师跟踪人数越多的公司，越拥有丰富的信息环境（Lang and Lundholm，1996；Bushman et al.，2005）。证券分析师作为信息中介（Bushman et al.，2005；Eng and Teo，2000；Hope，2003；Lang and Lundholm，1996；Lang et al.，2004），其发布的信息对证券市场的价格及投资者投资决策行为有着较大的影响。Brennan等（1993）指出，分析师跟踪水平高的公司，其股价对市场信息反映的速度要比分析师跟踪水平低的公司更快。相似的研究有，Lys（1996）研究发现，证券分析师研究报告的数量与股价的运动密切相关，即证券分析师研究报告具有一定的信息含量。小部分的股价变动与当前盈余有关（Lobo and Mahmoud，1989），更大部分的股价变动与未来盈余有关（Ayers and Freeman，2003）。Hong等（2000）研究指出，分析师跟踪人数越多的上市公司，其股价具有越高的信息含量，并且动能投资策略获利越低。Barth和Hutton（2000）研究发现，分析师跟踪人数多的公司，其股价植入应计及现金流的信息的速度要比分析师跟踪人数少的公司的速度快得多。有学者从反面证实，在分析师跟踪水平低的公司里，其股价对与证券分析师预测相关的信息极少具有完备性。Mikhail等（1997）、Sen和Bhattacharya（2001）也发现分析师跟踪水平影响了市场吸收信息的效率。Gleason和Lee（2003）研究了分析师修正预测值时，引起股价发生变化的影响因素。研究结果显示，相比分析师跟踪人数少的公司，分析师跟踪人数多的公司股价调整的速度更快。同时，研究也证实了分析师跟踪水平的增加导致与分析师预测修正有关的更小幅度的价格飘移，暗示了在个体证券分析师进行预测修正时，分析师跟踪人数的增加将更加有助于市场价格发现。Piotroski和Roulstone（2004）研究发现，知情市场交易者，如证券分析师与机构投资者等的出现使得R^2值较低。

由此，根据理论分析，提出了下列假设。

假设4-1：分析师跟踪人数与股价同步性呈负相关关系。

4.2 研究设计与变量选择

4.2.1 主要研究变量的确定

1. 分析师跟踪与分析师预测属性变量的确定

现存的文献把分析师预测准确性与预测一致性当做信息环境质量的代理变量，分析师预测准确性与公司透明度之间呈正相关关系，而分析师跟踪的数量被认为是信息环境数量的代理变量（Yu，2009）。目前，已有大量文献研究了分析师跟踪的积极影响，如 Roulstone（2003）研究认为，分析师跟踪能提高股票市场流动性；Lang 等（2004）研究认为，分析师跟踪是公司价值的重要决定因素；Bowen 等（2004）研究认为，分析师跟踪可以降低公司的资本成本；张宗新和杨万成（2016）研究发现，证券分析师通过信息挖掘的影响模式能为投资者创造价值；张然等（2017）研究发现，分析师盈余预测修正能够显著预测公司未来的盈利能力。

我们定义分析师跟踪人数为在同一年跟踪同一家上市公司的证券分析师的人数，在这里我们按照已有文献的做法，对其取对数，即以 Ln（1+Analyst Following）来列示。

分析师预测准确性的衡量用当年分析师盈余预测误差的绝对值表示，即分析师盈余预测误差越小，盈余预测的精确度越高，计算公式如下：

$$\text{Ferror} = |预测的每股收益 - 实际的每股收益|/|实际的每股收益|$$

2. 股价同步性变量的设定

本书中，股价同步性用简化的资产定价模型的拟合系数（即 R^2）来衡量（French and Roll，1986；Roll，1988）：

$$\text{RET}_{i,t} = \alpha + \beta_1 \text{MAKET}_{i,t} + \varepsilon_{i,t} \qquad (1)$$

其中，$\text{RET}_{i,t}$ 采用的是按个股流通市值加权平均计算的日回报率；$\text{MAKET}_{i,t}$ 是股票市场按流通市值加权平均计算的日回报率。本书以日回报率计算的 R^2 有两种：一种是按照最近 250 个交易日回报率滚动计算；另一种是按照最近一年的日回报率计算。最后，利用简单平均法计算每只股票的年度 R^2。

当资产定价模型中的 R^2 较高时，意味着有更多的市场信息解释了公司个股回报率。通过计算上述模型的 R^2，以此作为股价同步性的量化指标。与 Morck 等（2000）的处理方法一致，由于 R^2 的取值范围在 $[0,1]$，在 OLS 回归模型中，这样的变量是不符合要求的，因此，需要对 R^2 进行对数转换。

$$\text{Synch} = \log\left(\frac{R^2}{1-R^2}\right)$$

4.2.2 样本选取与数据采集

本书以 2012~2014 年 1 137 家深市、沪市 A 股上市公司为研究对象。本书除了分析师跟踪人数来自 Wind 金融数据库外，其他数据均来自深圳市国泰安信息技术有限公司提供的 CSMAR 中国股票市场数据库。根据本书的研究目的，同时为了保证研究结果的稳健性，本书对初选样本进行如下筛选：剔除出现财务困境的公司（该类公司为 ST 公司）样本；剔除发行 B 股或 H 股的上市公司样本；剔除金融行业公司样本；剔除模型中变量数据缺失的公司样本。变量说明见表 4-1。

表 4-1 变量说明（一）

变量	计算公式
Synch	股价信息含量的代理变量——股价同步性
Analyst Following	当年跟踪同一上市公司的证券分析师的人数，采用对数形式 Lanf[1] 表示
Ferror	代表当年分析师盈余预测误差，误差越小，盈余预测的精确度越高，计算公式为=|预测的每股收益 − 实际的每股收益|/|实际的每股收益|
Log（1+Age）	公司上市年龄，取公司首次公开发行日期距研究窗口的间隔年份，用对数形式 Log（1+Age）表示
BM	公司上一年度账面市值比
Stdroa	公司过去三年总资产收益率的标准差
Earning Surprising	基于期初股价的本期每股盈余与上期每股盈余的差异，用公式表示为 $\|(\text{EPS}_t - \text{EPS}_{t-1})/P_{t-1}\|$
Growth	公司成长率，用主营业务收入增长率表示
Profitability	获利能力，用营业利润率表示
Debt-asset Ratio	上一年度资产负债率
Trading Volume	代表股票交易额，用交易股数×股价来表示
Size	代表公司规模，用总资产的对数来表示
Year	代表年份
Industry	代表行业

1) Lanf 为 Ln（1+Analyst Following）的缩写形式

4.3 实证分析与结果讨论

4.3.1 描述性统计分析

描述性统计分析和双变量相关性分析见表 4-2 和表 4-3。

表 4-2 描述性统计分析

变量	n	均值	标准差	最小值	最大值
Synch	1 137	0.197 4	0.565 2	−1.965 4	2.313 4
Lanf	1 136	1.301 7	1.122 9	0	3.367 3
Ferror	570	0.167 3	0.169 1	0.000 2	0.925 2
Stdroa	1 134	0.027 3	0.042 0	0.000 1	0.501 0
BM	1 076	0.945 6	0.168 2	0.287 7	1.659 3
Trading Volume	1 137	$1.007\,66\times10^{9}$	$2.018\,28\times10^{9}$	$2.763\,69\times10^{7}$	$3.899\,85\times10^{10}$
Debt-asset Ratio	1 131	0.497 9	0.183 5	0.033 0	0.979 4
Size	1 137	21.714 4	1.101 4	19.292 0	27.125 2

表 4-3 双变量相关性分析

变量	Synch	Lanf	Ferror	Stdroa	BM	Trading Volume	Debt-asset Ratio	Size
Synch		−0.216	0.074	−0.067	0.123	−0.078	−0.018	−0.124
Lanf	−0.114		−0.233	−0.143	−0.071	0.270	−0.104	0.530
Ferror	0.128	−0.287		0.128	0.071	−0.012	0.062	−0.042
Stdroa	−0.100	0.011	0.075		0.315	−0.043	0.530	−0.152
BM	0.124	−0.097	0.136	−0.082		0.082	0.301	0.187
Trading Volume	0.087	0.238	−0.049	0.089	0.169		0.028	0.512
Debt-asset Ratio	0.107	−0.156	0.068	−0.113	0.249	0.097		0.104
Size	−0.056	0.356	−0.085	−0.030	0.373	0.548	0.253	

注：右上三角表示 Pearson 简单相关系数矩阵，左下三角表示 Spearman 秩相关系数矩阵

4.3.2 多元回归模型与研究假设的检验

借鉴 Chan 和 Hameed（2006）的研究思路，本书建立如下模型（2）和模型（3）：

$$\text{Analyst Following} = \alpha_0 + \beta_1 \text{Growth} + \beta_2 \text{Log}(1+\text{Age}) \\ + \beta_3 \text{Earning Surprising} + \beta_4 \text{Profitability} \\ + \beta_5 \text{Size} + \sum \text{Dum\_Year} \\ + \sum \text{Dum\_Industry} + \varepsilon \quad (2)$$

$$\text{Synch} = \alpha_0 + \beta_1 \text{Analyst Following} + \beta_2 \text{Stdroa} \\ + \beta_3 \text{BM} + \beta_4 \text{Trading Volume} + \beta_5 \text{Size} \\ + \beta_5 \text{Debt-asset Ratio} + \sum \text{Dum\_Year} \\ + \sum \text{Dum\_Industry} + \varepsilon \quad (3)$$

在本书中，我们利用两阶段最小二乘法（Two-stage least squares，2SLS）进行估计，主要原因是变量之间存在着影响研究结论的内生性问题，即证券分析师和股价同步性之间的内生性问题会使研究结论受到质疑。这里的内生性问题涉及证券分析师可能更愿意跟踪股价同步性高的公司或股价同步性低的公司，或者证券分析师和股价同步性可能共同受到第三方的影响。在利用两阶段模型对二者关系进行研究的过程中，第一步需要根据模型（2）估计出分析师跟踪人数的期望值，然后再将其代入模型（3）中进行第二阶段的回归，回归结果有两种可能，一种可能是分析师跟踪人数和公司股价的同步性 R^2 呈正相关关系，说明证券分析师人数的增加使得公司股价同步性增加，即证券分析师向资本市场提供的更多是市场层面的信息，而非公司特质信息，也就是说证券分析师的跟踪不能提高公司股价信息含量。反之，如果二者呈负相关关系，则表明证券分析师通过调查研究跟踪的上市公司，能将公司更多特质信息向市场投资者传递，这样就使得公司股价反映更多的公司特质信息，从而提高股票市场资源配置效率。但股价同步性的降低有可能是噪声交易的结果，因此，还需我们进一步验证才能得到此结论。

4.3.3 分析师跟踪回归结果分析

表4-4 的 2SLS 回归结果显示，分析师跟踪人数与股价同步性呈负相关关系，这一结论在按照 250 个交易日滚动计算的 R^2 和按照年度计算的 R^2 的模型中是一致的。

表4-4 回归结果（一）

变量	因变量：Synch			
	模型1 R^2（250个交易日）		模型2 R^2（年度）	
	2SLS	OLS	2SLS	OLS
Intercept[1]	−6.733 9*** (−5.12)	0.211 4 (0.37)	−3.458 0*** (−3.74)	−1.360 1*** (−2.94)

续表

变量	因变量：Synch			
	模型 1 R^2（250 个交易日）		模型 2 R^2（年度）	
	2SLS	OLS	2SLS	OLS
Lanf	−0.750 7*** (−6.33)	−1.111 6*** (−5.75)	−0.275 8*** (−3.55)	−0.081*** (−4.94)
Stdroa	−2.281 8*** (−6.89)	−2.248 8*** (−4.60)	−1.715 9*** (−6.27)	−3.350 8*** (−8.18)
BM	0.467 1*** (6.77)	0.303 3** (2.06)	0.465 2*** (4.48)	0.289 7* (1.91)
Trading Volume	5.78×10^{-13} (0.03)	−5.44×10^{-12} (−0.31)	7.73×10^{-13} (0.15)	−5.43×10^{-12} (−0.93)
Size	0.340 5*** (5.07)	−0.006 0 (−0.20)	0.179 5*** (3.73)	0.086 0*** (3.48)
Debt-asset Ratio	−0.229 9** (−2.43)	−0.134 6** (−2.51)	−0.167 2* (−1.73)	−0.323 7*** (−3.71)
Year	控制	控制	控制	控制
Industry	控制	控制	控制	控制
R^2	0.201 5	0.146 4	0.289 9	0.305 3
n	1 076	1 076	1 076	1 076

***、**、*分别表示 0.01、0.05、0.1 的显著性水平

1）为常量

我们还控制了规模和收益率的波动对股价同步性的影响。回归结果显示，股价同步性与公司规模呈正相关关系。公司的规模越大，受国家宏观因素和市场层面因素的影响也越大，因而更易发生股价同步性现象。总资产收益率标准差与股价同步性现象呈负相关关系，说明公司基本面的异质性能够降低股价同步性。

另外，我们也发现，公司的资产负债率与股价同步性呈负相关关系，说明举债越多的公司，受相关利益者的监督就越多，公司就拥有越高的财务透明度，知情交易率也越高，因而降低了股价同步性倾向。换手率与公司股价同步性呈正相关关系，原因是大量活跃的股票交易影响公司股价的调整速度，因此股价同步性现象较易出现。而对于那些交易不活跃的股票，它们对价格的变化通常有一个滞后的反映，因此导致较低的股价同步性现象。除此之外，我们还发现账面市值比与股价同步性呈正相关关系。

Alford 和 Berger（1999）研究指出，分析师预测准确性与分析师跟踪是互相影响的变量。为了更准确地观察盈余预测准确性对股价同步性的影响，我们用盈余预测准确性进行分位数回归检验。除此之外，还有一个更重要的原因，就是结果显示分析师跟踪能够降低股价同步性，但是否是噪声交易的结果导致的股价同步性降低，目前还未能下定论。借鉴 Skaife 等（2005）的研究方法，若盈余预测误差（代表着负的盈余预测准确性）与股价同步性呈正相关关系，则意味着股价同步性一方面可以作为股价信息含量的指示变量，另一方面也验证了分析师跟踪人

数能够降低股价同步性，提高股价的特质信息含量，增强股价的信号机制。

4.3.4 检验股价同步性的降低是否是噪声交易的结果

1. 相关研究

目前学术界对股价同步性（R^2）是否能代表股价信息含量存在着争议，虽然Roll认为较低的R^2代表着股价的波动更多是由公司层面的信息植入造成的，但也有很多学者不赞同这个观点。相反，他们认为，较高的R^2才代表着更多的公司特质信息进入了股价中，而较低的R^2则意味着股价波动更多是由市场信息造成的。

Kelly（2005）以美国上市公司为研究对象，对公司的信息环境与股价波动同步性之间的关系展开研究，以机构投资者持股比例、证券分析师跟踪数量、交易成本、股票流动性、私人信息风险、信息交易者数量等变量作为公司信息环境的代理指标。具体来说，机构投资者持股比例越高、分析师跟踪数量越多、交易成本越低、股票流动性越高、私人信息风险越低、信息交易者数量越多的公司，其信息环境越好。实证结果发现，公司信息环境与股价波动同步性呈正相关关系，即公司信息环境越差，股价波动所反映出的公司特质信息含量越高。Kelly的这一研究发现与Jin和Myers（2006）、Chan和Hameed（2006）的理论解释恰好相反，因此，Kelly认为，较低的股价波动同步性并不表明股票的定价机制更有效率，反而可能是市场噪声作用的结果。在我国，孔东民和申睿（2007）在Kelly（2005）研究的基础上，发现R^2代表了更多的市场噪声，而不是公司特质信息。在实证检验的基础上，研究发现，公司信息环境对R^2的影响是显著的，低的R^2对市场信息反映也很慢。并且这些低的R^2股票组合短期的超额回报有明显的时间序列可预测性及面临着横截面风险，更进一步说明低的R^2意味着是噪声交易造成的结果。这与Morck等（2000）认为的低的R^2代表了股价反映更多的公司特质信息含量是不同的。

因此，本书有必要检验股价同步性降低的原因，因为股价同步性的下降未必代表了股价信息含量的提高，即股价同步性的下降是否是噪声交易的结果，抑或是股价信息含量提高的表现。具体地说，主要有以下具体情况。其一，如果公司股价同步性的下降是证券分析师搜寻信息的活动使得公司的股价包含了更多有关公司基本面的信息，那么低的R^2意味着公司股价中含有更高的公司特质信息。其二，如果公司股价同步性的下降是由于股价中包含了一些"噪声"成分，即低的R^2意味着股价特质波动中含有更低的私人信息含量。由此可以推断，证券分析师的活动使得市场上产生了更多的噪声交易，导致了较低的股价信息含量。目前，有许多关于R^2与股价信息含量之间的关系的研究。

1）Durnev 等（2003）的研究

这是最具代表性的研究。Durnev 等分别采用行业内匹配样本方法和跨行业测试方法，发现 R^2 与公司股价信息含量密切相关。具体来讲，R^2 越低，代表股价中反映了越多的公司特质信息，其对未来盈余预测的能力越强，并且这种联系在所测试的时间序列年度呈递增趋势。这说明低的 R^2 并非市场噪声导致的结果，而更多的是公司特质信息，即 R^2 能够反映股价中含有的公司特质信息的程度，越低的 R^2 意味着公司股价中含有越高的未来盈余预测信息能力。市场噪声并没有对资产定价产生很大影响，只对测度结果有很少的可忽略不计的影响，这就为 Morck 等学者的信息解释提供了很好的佐证。随即 Durnev 等（2004）又研究得出低的 R^2 的公司有更高的资源配置效率。研究发现，低的 R^2 的公司倾向于更有效率的投资，它们很少投资不足或投资过度。这一发现与股价信息含量的假说一致。在低的 R^2 的公司里，信息不对称现象较少出现，这提高了资本供给者与公司之间的协调性，导致了更有效率的投资。

2）Skaife 等（2005）的研究

以前的文献研究发现公司披露与分析师预测误差呈负相关关系（Lang and Lundholm，1996；Hope，2003）。Ashbaugh 和 Pincus（2001）、Lang 等（2003）的研究发现，当一个非美国上市公司（跨境上市）采用 IFRS（International Financial Reporting Standards，国际财务报告准则）或者 GAAP（Generally Accepted Accounting Principles，一般公认会计原则）对外披露信息时，其对应的分析师预测误差通常会下降。因此，如果低的 R^2 代表公司基本面信息植入股价的程度，那么分析师盈余预测误差与 R^2 应呈正相关关系。Skaife 等（2005）研究认为，股价同步性是否与分析师盈余预测误差（或盈余预测准确性）有关，可作为测度 R^2 是否能代表股价信息含量的方法之一。若低的 R^2 反映了随着公司水平特定信息的发布，大量的公司基本面信息进入股价的资本化程度，则分析师的预测误差与 R^2 呈正相关关系。本书即采用了这一检验方法。

若股价同步性能代表股价信息含量，则分析师预测误差应与股价同步性呈正相关关系。本书接下来的研究主要采纳 Skaife 等（2005）的研究方法。

本书采用分位数回归模型估计方法，它是在被解释变量的条件分布下，观察解释变量与被解释变量之间的关系，实际上是均值回归的拓展形式。该种模型下得出的估计系数代表了解释变量对被解释变量在特定分位点上的相关关系。本书采用分位数回归方法的主要目的是想细致研究在条件分布的不同位置，分析师盈余预测准确性与股价同步性二者呈何种关系。Koenker 和 Bassett（1978）最早提出了分位数回归模型估计方法。分位数回归模型估计方法的最大特点在于它能够刻画出给定各种因素（自变量）下因变量的分布情况，而且它的估计结果对异常值不敏感。在 0~1

不同程度的分位下，存在不同的分位数函数。它们代表了所有 Y 在 X 上的条件分布。在图形上条件分布表示为一簇曲线，而不是 OLS 回归的一条曲线。由此，分位数回归模型估计方法是适合于对数据集合中不同区位的数据点进行分析的一种方法。

2. 分析师盈余预测准确性分位数回归结果

从表 4-5 中可以看出，随着股价同步性水平的提高，分析师盈余预测准确性的影响越来越大。当 25% 的最低股价同步性一组的盈余预测误差增加一个单位时，股价同步性将会增加 0.022 7 个单位，即当盈余预测准确性增加一个单位时，股价同步性将会下降 0.022 7 个单位。而当 75% 的较高股价同步性一组的盈余预测误差增加一个单位时，股价同步性将会增加 0.087 9 个单位，即当盈余预测准确性增加一个单位时，股价同步性将会下降 0.087 9 个单位。也就是说，75% 的最高股价同步性一组，由于盈余预测的准确性平均降低的股价同步性将会比 25% 的最低股价同步性一组降低的股价同步性多 0.065 2 个单位。这意味着股价同步性现象越严重时，分析师盈余预测准确性的影响力越大。因此，分析师可通过更准确的盈余预测降低股价同步性，同时也说明股价同步性的降低是公司股价包含了更多的特质信息含量的结果，而并非是噪声交易的结果。

表 4-5 分析师预测准确性分位数回归

变量	OLS 回归	分位数回归（R-square 250 个交易日）			
		25%	50%	75%	90%
intercept	2.326 3*** (3.37)	0.836 4 (1.04)	3.130 7*** (2.89)	4.368 0*** (7.95)	5.388*** (8.02)
Ferror	0.045 7* (1.77)	0.022 7* (1.76)	0.030* (1.80)	0.087 9*** (5.57)	0.164 5*** (7.19)
Stdroa	−4.500 4*** (−3.77)	−1.857 2 (−1.32)	−3.951 4** (−2.28)	−5.745 4*** (−6.45)	−7.481 8*** (−4.99)
BM	0.541 1*** (3.05)	0.491 4*** (2.68)	0.500 8* (1.75)	0.657 2*** (4.26)	0.487 5* (1.67)
Trading Volume	1.79×10^{-13} (1.14×10^{-11})	-2.59×10^{-11} (−1.51)	1.13×10^{-11} (0.61)	5.72×10^{-11}*** (6.79)	1.11×10^{-10}*** (7.59)
Size	−0.129 3*** (−3.81)	−0.071 0* (−1.79)	−0.152 3*** (−2.83)	−0.215 8*** (−7.95)	−0.232 6*** (−4.89)
Debt-asset Ratio	0.159 0 (0.97)	−0.233 8 (−1.30)	−0.112 9 (−0.43)	0.311 8** (2.18)	0.569 1** (2.16)
Year	控制	控制	控制	控制	控制
Industry	控制	控制	控制	控制	控制
伪 R^2	0.125 8	0.128 8	0.107 8	0.141 2	0.179 3
n	565	565	565	565	565

***、**、*分别表示 0.01、0.05、0.1 的显著性水平

为了更准确地显示各分位点分析师盈余预测准确性与公司股价同步性之间的关系，我们列示了各分位点与预测准确性相关系数关系图，如图4-1所示。

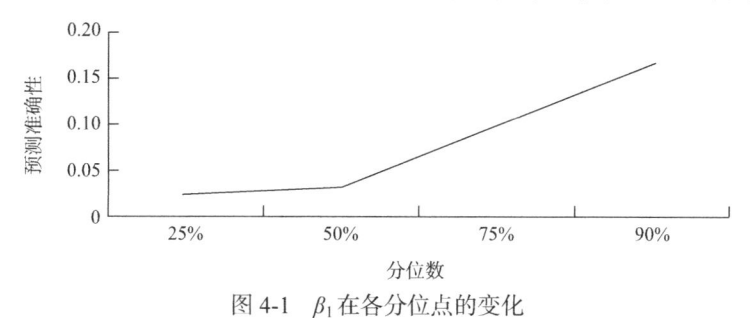

图4-1　β_1在各分位点的变化

从图4-1可以看出，分析师盈余预测准确性对股价同步性的影响随着条件分位点的提高而提高，即分析师盈余预测准确性对股价同步性的抑制作用在高的条件分位点更明显。

另外，分位回归的伪R^2也随着条件分位点的提高而提高，如图4-2所示。

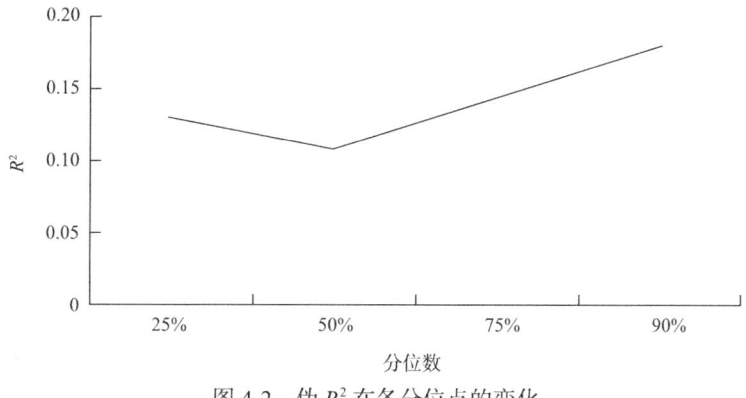

图4-2　伪R^2在各分位点的变化

4.3.5　稳健回归结果

前文是分析师跟踪变量的水平影响。我们借鉴游家兴等（2007）的研究方法，同时也检验分析师跟踪变量的增量影响，即一单位分析师跟踪人数的提高会带来多少单位股价波动同步性的下降，其检验模型（4）设定如下：

$$\Delta \text{Synch} = \alpha_0 + \beta_1 \Delta \text{Analyst Following} \\ + \beta_2 \Delta \text{Stdroa} + \beta_3 \Delta \text{BM} + \beta_4 \Delta \text{Trading Volume} \\ + \beta_5 \Delta \text{Size} + \beta_6 \Delta \text{Debt} - \text{asset Ratio} \\ + \sum \text{Dum\_Year} + \sum \text{Dum\_Industry} + \varepsilon \quad (4)$$

其中，Δ代表差分，表示变量在 t 期与 $t-1$ 期期间的变化；其他变量定义同上。由于采用差分模型，减少了一期的样本观测单位，样本量减少了 379 个，即纳入回归方程的样本公司数为 697 个。

从表 4-6 增量效应 2SLS 回归模型中可以看出，分析师跟踪人数与股价同步性呈负相关关系。值得一提的是，Size 变量由于前期与本期差别很小，因此并无影响，故在增量模型中未予考虑。

表 4-6 增量回归结果

变量	因变量：ΔSynch（2SLS）	
	R^2（250 个交易日）	R^2（年度）
intercept	−0.101 0 （−0.50）	−0.606 0[***] （−4.63）
ΔAnalyst Following	−0.431 8[*] （−1.78）	−0.671 4[***] （−3.05）
ΔStdroa	−1.566 3[**] （−2.52）	−2.165 1[***] （−3.91）
ΔBM	0.438 5[***] （3.15）	0.561 2[***] （4.16）
ΔTrading Volume	5.20×10^{-11}[*] （1.81）	−1.57×10^{-11} （−1.44）
ΔDebt-asset Ratio	−0.130 8 （−0.49）	−0.512 1[**] （−2.07）
Year	控制	控制
Industry	控制	控制
R^2	0.180 2	0.412 8
n	697	697

***、**、*分别表示 0.01、0.05、0.1 的显著性水平

4.4 分析师跟踪与股价暴跌之间的关系

4.4.1 理论分析与假设提出

在分析师跟踪与公司股价信息含量的研究中，大多数学者关注的是股价同步性的变化，很少有学者关注股价暴跌的内在作用机制。实际上，股价暴跌现象与股价信息含量是密切相关的。因此，本书也同时探讨证券分析师跟踪与股价暴跌的影响。截至目前，资本市场已经有许多股市暴跌现象，其中最著名的有 1929

年美国股市大暴跌现象，这是当时轰动整个美国资本市场的轰动性事件。除此之外，1989年日本股市的泡沫破裂，以及1997年的亚洲金融危机、2000年的纳斯达克泡沫及2006年的金融危机等事件最终导致股市暴跌，使得不少资本市场投资者投资失利。

股市暴跌不仅会严重影响股市的健康运行，还会危害实体经济的正常运行，直接影响一个国家的金融稳定性，导致资本市场资源配置无效化，最终引发整个国家乃至全球的经济危机。研究股价暴跌的内在影响机理对于构建健康的股票市场是非常关键的。

股价暴跌也称崩盘、崩溃，其主要表现是在没有任何崩盘迹象时，资本市场指数或者绝大部分公司的股价突然大幅度下降。

Hong和Stein（2003）研究认为，股市暴跌的三种表现包括：其一，公司股价毫无预兆的突然大幅度下跌。这一点国外文献已有证明，如Cutler等（1989）通过研究得出，在大多数情况下，S&P（Standard & Poor's，标准普尔）500指数出现大幅度的波动通常没有相应可以预判的信息，比较大的变化没有伴随任何重要的信息出现。同样的，French和Roll（1986）也得出了相同的结论。其二，资本市场股价的变化往往都是大幅度的下跌。也就是说，股价暴跌与股价上涨呈现不对称现象。最直接的观测方式就是查询股票回报的历史数据，以1947年S&P 500指数一天的股价波动为例，前十大波动中，有九大波动是下跌的。大量文献的研究也揭示了这一现象。其三，股价暴跌呈现多米诺骨牌效应。少数股票的下跌引起整个资本市场股市的下跌，并且这种影响具有传染性，在不同经济体之间也会进行传导（Hong and Stein，2003；Yuan，2005）。

20世纪七八十年代国外学者开始关注股市暴跌现象的成因及治理机制。由最初的归纳演绎推理等方法到目前理论模型的构建及实证检验等手段，股市暴跌现象微观机理已经获得重大的进展。由文献的梳理我们发现，国外学者主要在构建行为金融学与不完全信息理性均衡框架下，从投资者行为理论、市场摩擦及信息不对称三个角度研究股市暴跌现象的作用机理。比较有说服力的是Romer（1993）创建的理性暴跌模型，这一理论模型被后来的不少研究引用，如Barlevy和Veronesi（2003）就以该模型为基础展开后续研究。理性暴跌模型将股价暴跌归咎于信息不对称及市场聚集的结果（Radner，1979；Jordan and Radner，1980），强调了信息不对称状态下，信息在股价中传导的路径。Caplin和Leahy（1994）研究发现，许多分散的信息如果长期积累集聚，未来也可能导致价格发生重大的变化。研究指出，投资者具有私人信息，通过股票流动，即通过市场交易会使投资者的这些私人信息被不断释放给其他市场参与者。正是因为投资者拥有的私人信息传递需要花费时间成本，一些微小的信息就容易被忽略。但是当这些不易被引起注意的信息不断积累使得其由量的效应产生质的改变时，股价就会产生大幅度的变化，这也改变了我们的先验认知。在传统的认知中，人们总是认为只有公司合并、资产重组、股权再融资等这样的大事件才会引起股票大幅度的价格变化，即一定是由重大消息的发布引起的。但其实很多情况下，当微小的信息日积月累达到一定量时，股价便会崩盘。

Jin 和 Myers（2006）发现较高的 R^2 的国家经历了更频繁的市场崩盘（market crash），这主要是由更混沌的信息环境造成的。Jin 和 Myers（2006）建立了一个模型，在该模型里，公司信息的不完全透明使得坏消息被隐藏起来，一旦公司累积的坏消息被公之于众，该公司的股价就会发生暴跌现象，即不透明度能够预测股价暴跌现象。Hutton 等（2009）研究了财务报表透明度与股票回报之间的关系。Hutton 等用盈余管理作为衡量公司不透明度的手段，经过研究发现，不透明的公司更容易发生股价暴跌现象，并且这一发现与 Jin 和 Myers（2006）模型的预测相一致。

目前，我国正处于新兴加转轨的资本市场的特殊阶段，与国外成熟资本市场相比，我国股市具有不成熟性与不稳定性，股市暴跌现象频繁发生。自 1997 年以来，我国股市发生了四次大的暴跌现象，从时间上看，平均时间为 22.5 个月，从空间上看，平均振幅为 51.6%，最高振幅为 80.3%，最低振幅达 33.5%（滕泰等，2008）。即便如此，国内关于股价暴跌现象的研究仍未全面展开，学者对股价暴跌现象的研究比较零散，且主要以规范研究为主，从实证角度研究的则较少。较有代表性的研究是陈国进和张贻军（2009）以 Hong-Stein 的异质信念模型为基础，主要使用固定效应条件 Logit 模型研究异质信念对我国股市股价暴跌产生的影响。研究得出，我国投资者的异质信念程度越大，市场个股发生暴跌的可能性就越大。

若能降低投资者的异质信念[①]，股市暴跌现象发生的频率也会随之下降。要影响投资者的异质信念，就必须从根源上进行解决。任何公司或行业都有专家型投资者和一般型投资者。证券分析师、机构投资者等属于专家型投资者。目前大量文献研究认为分析师跟踪可以影响公司的信息流，最终影响投资者的异质信念。分析师跟踪可作为信息环境的代理变量。因此，预期市场信息环境的改善有助于抑制股价暴跌。我们提出如下假设。

假设 4-2：分析师跟踪会抑制股价暴跌现象，即分析师跟踪人数越多的公司，股价暴跌的可能性越小。

---

① 渐进信息流、有限注意与先验的异质性是异质信念形成的三种渠道（Hong and Stein, 2003）。其中，渐进信息流是指信息到达不同投资者的时间不同。收到信息的投资者会修正价值判断，没有收到信息的投资者则不会修正价值判断，从而造成投资者之间对股票价值判断不同。

4.4.2 研究设计与数据采集

1. 研究设计

鉴于分析师跟踪与股价暴跌之间可能存在内生性问题,我们采用两阶段回归模型(5)、模型(6)对两者的关系进行考察。

$$\begin{aligned}\text{Analyst Following} = &\alpha_0 + \beta_1 \text{Growth} + \beta_2 \text{Log}(1+\text{Age}) \\&+ \beta_3 \text{Earning Surprising} + \beta_4 \text{Profitability} \\&+ \beta_5 \text{Size} + \sum \text{Dum\_Year} \\&+ \sum \text{Dum\_Industry} + \varepsilon\end{aligned} \quad (5)$$

$$\begin{aligned}\text{Pr}(\text{Crash}=1) = &\alpha_0 + \beta_1 \text{Analst Following}_{t-1} \\&+ \beta_2 \text{Lev}_{t-1} + \beta_3 \text{Roe}_{t-1} + \beta_4 \text{Stdroa}_{t-1} \\&+ \beta_5 \text{BM}_{t-1} + \beta_6 \text{Size}_{t-1} + \sum \text{Dum\_Year} \\&+ \sum \text{Dum\_Industry} + \varepsilon\end{aligned} \quad (6)$$

其中,Analyst Following 表示对一个公司进行跟踪分析的证券分析师的人数,采用对数形式 Ln(1+Analyst Following);Roe 表示加权平均资产收益率;Lev 表示财务杠杆;Log(1+Age) 表示公司上市年龄,取公司首次公开发行日期距研究窗口的间隔年份,用对数形式 Log(1+Age)表示;BM 表示公司账面市值比;Stdroa 表示公司过去三年总资产收益率的标准差;Size 表示公司规模,以总资产的对数形式表示。

上述模型中,关于 Crash(股价暴跌)的衡量,我们采用 Hutton 等(2009)、Chang 等(2006)的方法,以资产定价模型(1)中收益残差为基础衡量股市暴跌现象。之所以不采用实际的收益数据,主要是因为实际的股票收益会随着市场行情的起伏而使得暴跌或暴涨现象频繁发生。具体衡量方法如下:

假定股票收益率服从 $N(\upsilon, \sigma)$,然后通过定义下面的二元变量 Crash 的三个指标刻画股价是否暴跌。

$$\text{mxcrash} = \begin{cases} 1, & \text{if } r_{i,t}^{mx} - \overline{r_{i,t}^{mx}} \leqslant -L \times \sigma_{i,t}^{mx}, \text{表示暴跌发生} \\ 0, & \text{otherwise,表示暴跌未发生} \end{cases}$$

其中,mxcrash 表示经市场收益率调整的股价暴跌;r 表示第 i 只股票的周收益率;σ 为标准差;mx 表示经市场收益率调整的收益率;L 取值为 2.170、2.576、3.090,分别代表 3%、1%、0.1% 的临界值,即残差收益率距离均值 2.170、2.576 或 3.090 个标准差。若公司整个年度存在一个或一个以上的周残差收益率,其低于均值 2.170、2.576 或 3.090 个标准差,则公司存在暴跌现象。

2. 样本选择

本书以 2012~2014 年 1 169 家深市、沪市 A 股上市公司为研究对象。本书除分析师跟踪人数是来自 Wind 金融数据库外，其他数据均来自深圳市国泰安信息技术有限公司提供的 CSMAR 中国股票市场数据库。根据本书的研究目的，同时为了保证研究结果的稳健性，本书对初选样本进行如下筛选：剔除出现财务困境的公司（该类公司为 ST 公司）样本；剔除发行 B 股或 H 股的上市公司样本；剔除金融行业公司样本；剔除模型中变量数据缺失的公司样本。

3. 描述性统计结果

描述性统计结果见表 4-7。

表 4-7 描述性统计结果（一）

2012 年									
	\multicolumn{9}{c}{Crash}
	2.170 / 3%			2.576 / 1%			3.090 / 0.1%		
	n	频率	百分比	n	频率	百分比	n	频率	百分比
	157	0	51.31%	204	0	66.67%	241	0	78.76%
	78	1	25.49%	65	1	21.24%	46	1	15.03%
	42	2	13.73%	26	2	8.50%	19	2	6.21%
	19	3	6.21%	8	3	2.61%			
	8	4	2.61%	3	4	0.98%			
	2	5	0.65%						
合计	306		100%	306		100%	306		100%

2013 年									
	\multicolumn{9}{c}{Crash}
	2.170 / 3%			2.576 / 1%			3.090 / 0.1%		
	n	频率	百分比	n	频率	百分比	n	频率	百分比
	201	0	66.34%	250	0	82.51%	276	0	91.09%
	75	1	24.75%	42	1	13.86%	25	1	8.25%
	16	2	5.28%	7	2	2.31%	2	3	0.66%
	6	3	1.98%	2	3	0.66%			
	2	4	0.66%	1	4	0.33%			
	3	6	0.99%	1	5	0.33%			
合计	303		100%	303		100%	303		100%

2014 年									
	\multicolumn{9}{c}{Crash}
	2.170 / 3%			2.576 / 1%			3.090 / 0.1%		
	n	频率	百分比	n	频率	百分比	n	频率	百分比
	359	0	64.11%	477	0	85.18%	534	0	95.36%
	152	1	27.14%	74	1	13.21%	25	1	4.46%
	39	2	6.96%	7	2	1.25%	1	2	0.18%
	8	3	1.43%	2	3	0.36%			
	1	4	0.18%						
	1	5	0.18%						
合计	560		100%	560		100%	560		100%

4. 分析师跟踪与股价暴跌回归结果

由表 4-8 三个 Logit 回归模型结果可以看出，分析师跟踪（Analyst Following）与股价暴跌（Crash）之间呈负相关关系，且非常显著，即证券分析师的跟踪能够抑制股价暴跌现象。证券分析师通过发布含有盈余预测及投资评级的研究报告，降低了公司管理层与外部投资者之间的信息不对称程度（即不透明度），同时也在一定程度上抑制了公司只发布利好消息、隐藏坏消息的现象，降低了公司股价暴跌的可能性。

控制变量 Roe 与 Crash 之间呈显著的负相关关系，暗示了较好经营绩效的公司股价暴跌的可能性较小。从三个模型总体来看，Lev 与 Crash 之间系数显著为负值，这与一般性认识不符。其可能的原因是举债越多的公司，受到相关利益者的监督就越多，公司就拥有越高的财务透明度，从而越少产生股价暴跌现象。Stdroa 与 Crash 之间呈正相关关系，即总资产收益率波动越高的公司，发生股价暴跌现象的可能性越大。Size 系数显著为负值，即小规模公司发生股价暴跌的可能性更大，这主要是因为小规模公司的透明度更低，且公司投资者之间的异质信念更大，股价暴跌的可能性就更大。

表 4-8 分析师跟踪与股价暴跌 Logit 回归结果

变量	模型 1	模型 2	模型 3
	3%（2.170）	1%（2.576）	0.1%（3.090）
intercept	5.969***	5.226**	−11.332
Analyst Following$_{t-1}$	−1.001***	−1.373***	−1.491***
Lev$_{t-1}$	−0.038	−0.070*	−0.078**
Roe$_{t-1}$	−0.015*	−0.004**	−0.004**
Stdroa$_{t-1}$	5.859**	3.603	4.891*
BM$_{t-1}$	−0.957	−0.329	0.920
Size$_{t-1}$	−0.229**	−0.238*	−0.318*
Year	控制	控制	控制
Industry	控制	控制	控制
伪 R^2	0.098	0.121	0.196
Wald 卡方	91.71***	105.20***	—
n	924	917	859

***、**、*分别表示 0.01、0.05、0.1 的显著性水平

注：本书采用 Stata 10.0 进行回归，*代表 z 值显著的程度；为了尽可能消除内生性问题引起的结果不稳定，本书选取了滞后一期的自变量

4.4.3 研究结论

本节利用股价同步性作为股价信息含量的代理变量，检验证券分析师能否通过跟踪上市公司，挖掘并向市场释放公司特质信息，而非市场信息，由此影响股价信息效率。研究结果表明，证券分析师向市场提供了公司层面信息，降低了公司与外部投资者之间的信息不对称程度，提高了股价信息含量，另外，研究结果也表明分析师跟踪能够有效减少股价暴跌现象。本书的研究结论从侧面证实了证券分析师研究活动能帮助投资者更好地理解特定公司的信息，在一定程度上提高了公司股票的定价能力与资源配置效率。更有效的定价意味着更高的信息含量及更准确的预测。对公司而言，引导分析师跟踪能够提高公司的预测能力，减少经营风险；对个体投资者及投资组合经理而言，选择分析师跟踪的股票能够帮助其减少投资组合未来收益的不确定性，由此避免未来经济损失。

第 5 章 分析师跟踪能缓解公司的融资约束吗?

前文的研究结论证实了证券分析师向市场提供了有效的信息,从而引导投资者更好的解读特定公司的信息。然而信息效率的提高能否引导资源有效配置,还需要进一步的验证。在本书中,证券分析师作为信息中介角色能否提高公司的融资效率还需要经验证据的支持。

按照 MM 理论,在完美的资本市场中,企业的外部资本和内部资本可以完全替代,但现实中不完美的资本市场上信息不对称问题的出现导致外部融资成本与内部融资成本之间存在着融资成本差异,外部融资成本要高于内部融资成本。就上市公司而言,相对于内部管理者,外部投资者缺乏充足可靠的信息资源,因而他们要求更高的投资回报率来弥补其面临的风险,从而增加公司的外部融资成本。就公司的具体投资项目而言,外部投资者相对于企业经理对资产价值存在不完全信息,即他们对于投资项目的预期现金流收益存在着较大分歧。如果企业发行股票筹资,股价可能被低估,相应地增加了外部融资成本。因此,即使新项目净现值为正值,也会被现有股东拒绝,导致投资不足。这就违背了公司价值最大化和股东财富最大化的目标,潜在地降低了公司资本配置效率。实际上,公司的投资不足是与融资约束紧密联系在一起的。假如我们改善企业的融资约束状况,那么就会降低企业的投资水平对内源融资能力的依赖程度,从而使得投资不足现象得到抑制,公司的投资效率也会相应提高。

证券分析师是证券市场上代表有效定价的重要理性力量[①]。在资本市场上,他们有效地充当了公司与投资者之间信息沟通的桥梁。Chang 等(2006)的研究提到,一方面,证券分析师广泛地收集各种复杂信息并对其进行加工,以简单易懂的形式将其提供给大量的非专业投资者。另一方面,证券分析师在与上市公司高管层

---

① 在成熟资本市场的背景下,相关学者认为证券分析师能有效地充当信息中介角色,提高市场定价效率。除此之外,证券分析师也发挥了市场监管的作用。

的接触及实地调研过程中掌握了很多外部投资者无法企及的信息并将这些信息提供给处于信息弱势的外部投资者，从而增大了投资者认知的广度和深度。具体地说，证券分析师通过向投资者发布盈余预测和投资建议等信息充分降低了公司管理层与外部投资者之间的信息不对称程度，减少了市场预期偏差，提高了股票的流动性，降低了股权融资成本。正是大量证券分析师的跟踪，才使得信息快速地向资本市场传递，从而提高资本市场资源配置效率。西方众多文献证实了证券分析师能够缓解公司面临的融资约束。

目前关于证券分析师的研究大部分是基于成熟的资本市场，缺乏对新兴资本市场中证券分析师市场功能的考察。事实上，由于证券分析师总是处于特定的市场环境及相关的制度体系中，当前西方的研究成果并不完全适用于我国新兴加转轨的资本市场环境。因而，西方的研究结论在我国是否适用，还有待于进一步研究。毕竟，我国证券分析师行业刚刚起步，仅有十余年的发展历程，证券分析师能否通过发布盈余预测和投资评级建议，提高公司的内部信息传播效率，缓解公司面临的外部融资约束呢？国内关于证券分析师与公司融资约束的研究文献较少，而实际上，这是一个有待研究的重要问题。这不仅可以为已有的文献提供新兴资本市场的视角并推动相关理论的发展，而且，对于认识证券分析师在国内资本市场中的市场功能，即扮演的角色和作用，具有非常重要的现实意义。

本章结构如下：5.1 节为理论分析与假设提出，5.2 节为研究设计，5.3 节为实证检验，5.4 节为前期研究结论，5.5 节为研究结论。

5.1　理论分析与假设提出

5.1.1　投资现金流敏感性研究

Modigliani 和 Miller（1958）是最早研究公司融资决策问题的学者，他们最早期的研究认为，在理想完美的资本市场中，公司的融资结构及融资决策对实际投资决策不会产生影响。现实中这样完美的资本市场根本不存在，因此，公司的融资决策对投资决策不产生影响也是不现实的。

20 世纪 50 年代产生的流动性理论就指出融资困境对投资决策的影响。这主要是因为公司自身没有充足的现金流可使用，只能借助外力，即通过外部融资筹备投资所需要的资金。在不完美的资本市场中，公司的财务状况、现金流量及公司的信息环境会影响公司的投资决策。资本市场信息的不对称性问题对投资决策的影响也成为后来的学者不断讨论的焦点之一。

Myers 和 Majluf（1984）研究认为，公司投资决策一方面会受到投资机会的影响，另一方面也会受到可支配现金流的影响。研究模拟了公司股东及高管如何将财富从新股东转移至现有股东的整个过程。由于存在信息不对称，当公司进行融资时，新的资本提供者预计公司投资项目被高估，就会要求比较高的外部融资溢价，由此给公司带来比较高的融资成本，造成融资约束困境，尤其当信息配给时便会给公司造成严重的影响。在这种情况下，当公司面临较多的投资机会时，信息不对称因素就会成为阻碍公司投资非效率并导致公司投资不足的重要因素。

Fazzari 等（1988）从信息不对称的角度研究了企业资本与内部现金流的相关关系。Fazzari 等在控制了投资机会后，将股息支付率作为融资约束的划分依据，得到的最终结论是高股息支付率的公司其投资现金流敏感性较低，而低股息支付率的公司其投资现金流敏感性较高，因此，Fazzari 等（1988）提出投资现金流敏感性与融资约束呈正相关关系。此后很多学者在此基础上进行研究，如 Bond 和 Meghir（1994）运用 Euler 投资模型进行研究，发现融资约束与投资现金流敏感性确实存在正相关关系。

后来的学者也得出了相同的结论，他们以加拿大企业为研究样本，通过研究证实，一些企业的现金流对投资的影响非常显著，如成立不久的年轻企业、所有权过于分散的企业及非集团成员企业。

Kaplan 和 Zingales（1997）重新计算了 Fazzari 等（1988）的样本数据，得出了相反的结论，此后 Cleary（1999）的研究也支持了 Kaplan 和 Zingales 的结论，但 Allayannis 和 Mozumdar（2004）的研究对 Cleary（1999）的研究结论提出了质疑。原因主要是 Cleary（1999）的样本没有将负现金流量值剔除，再加上一些外部因素的影响才得出与 Kaplan 和 Zingales（1997）同样的研究结论。

考虑到这个影响因素，Allayannis 和 Mozumdar 将负现金流量值剔除再来进行分析，他们发现那些融资约束较为严重的公司其投资现金流敏感性要高于那些融资约束较轻的公司，这无疑再次肯定了 Fazzari 等（1988）的研究结论。此后，Aggarwal 和 Zong（2006）考察了 3 072 家美国、英国、德国及日本的公司，再次得出投资与现金流量呈正向相关关系。

投资与现金流量的正向相关关系除了用投资不足解释以外，不少学者证实了它也可能是投资过度造成的结果，主要依据是 Jensen（1986）的自由现金流导致的代理问题。具体来说，过度投资往往与公司财务状况不佳联系在一起。当公司经理为了满足自己的私利，会将资金投入那些投资回报率低甚至为负值的投资项目。此时，自由现金流量与公司投资规模呈正相关关系，却违背了公司价值最大化的目标。过度投资发生在公司财务状况不佳或未来前景堪忧时，另外，当公司的监督治理机制不健全时，也会发生这样的代理问题。由此来看，公司治理机制不健全是引发代理问题的关键因素。Jensen（1986）研究认为，财务杠杆对改善公司投资的作用非常明显。

Vogt（1994）研究认为，经理人出于自身利益的考虑将内部资金用于过度投资，导致了更高的投资现金流敏感性。Hubbard（1998）也认为高投资现金流敏感性有可能是由于管理者将内部资金用于非价值最大化项目。Gugler（2003）等研究认为，高的投资现金流敏感性可用融资约束（导致投资不足）和代理冲突（导致过度投资）两种理论进行解释。通过分析奥地利企业的所有权和控制权结构，研究认为公司治理环境影响公司的投资与现金流之间的关系，并且得出家族企业投资与内部现金流之间的正相关关系主要是企业面临的融资约束导致的结果，而国有企业正的投资现金流关系主要是由代理冲突引起的。Pawlina 和 Renneboog（2005）用相类似的方法，对英国企业的投资现金流进行了分析，这种方法也被应用于检验我国企业的投资现金流敏感性（饶育蕾和汪玉英，2006；张中华和王治，2006）。本书在投资现金流敏感性的性质判断上，采纳了Gugler（2003）利用两种理论进行先验判断的观点。所不同的是，在我国，产权性质与融资约束、代理冲突的界定与西方研究成果不一致。

5.1.2 分析师跟踪与融资约束

投资者与上市公司之间存在严重的信息不对称，大量研究认为，通过改善信息环境可降低投资者之间的信息不对称程度，减少证券市场的流动性风险。同时，信息环境的改善还会增加潜在的投资者，投资者的增加将会降低资金成本，增加企业价值（Merton，1987）。在大量的西方文献研究中，许多学者将分析师跟踪与分析师盈利预测一致性、盈利预测准确性作为改善公司信息环境的代理变量或者改善信息不对称程度的代理变量使用。例如，Lang 等（2003）研究指出，分析师跟踪与分析师盈利预测准确性作为改善公司信息环境的代理变量正在被广泛使用。Lang 等从分析师人数和分析师预测准确性的角度，对信息环境与企业海外上市溢价进行了深入分析。研究认为，海外上市增加了市场信息获取量，减少了分析师跟踪成本，导致更多分析师的关注，并因此提高了分析师的预测准确性并由此增加了潜在的投资者，减少了投资预测的不确定性，从而增加了企业价值。因此，信息环境对企业价值具有重要的影响。事实上，在早期的研究中，就有许多学者从不同的角度对分析师跟踪的经济后果进行了深入而细致的研究。Bhushan（1989）研究指出，如果把分析师跟踪数量作为获取企业私有信息而耗费的总资源，那么分析师跟踪人数越多的企业，相应地就会有更多的私有信息传播给投资者；分析师跟踪人数越多的企业，其信息不对称程度越低。Brennan 等（1993）研究也得出，分析师跟踪人数越多的公司，其投资者对于信息的反应速度越快，这就意味着股票的信息传播效率越高。Barth 和 Hutton（2000）得出了相似的结论，研究发现，分析师跟踪人数更多的公司，其股价植入应计项目及现金流信息的速度要比分析师跟踪人数更少的公司快得多。Brennan 和 Tamarowski（2000）站在投资者关系管理的角度研究了证券分析师的市场功能。研究指出，证券分析师是公司投资者关系管理的一个重要组成部分，并且由于分析师跟踪可降低公司的信息不对称程度，因而，研究认为分析师跟踪与股票流动性成正比。Bowen 等（2004）从公司再融资的角度，发现分析师跟踪人数越多的上市公司其增发配股的抑价程度越低，即股权融资成本越低，并且由于大公司的信息不对称程度小于小公司，因此，分析师跟踪对于大公司 SEO 抑价的边际收益要小于小公司 SEO 抑价的边际收益。另外，Bowen 等在研究分析师跟踪的其他属性时发现，分析师预测一致性越高，越能够降低 SEO 抑价。在我国，朱红军等（2007）从证券分析师与股价同步性、股价信息含量的关系入手，整体上考察我国证券分析师对资本市场运行效率的影响。研究发现，证券分析师将公司公开及私有信息通过研究报告的形式对外发布，一方面降低了公司投资者获取信息的成本，降低了投资者交易成本，另一方面使得公司股价中包含了更多公司层面的信息，由此降低了股价同步性，提高了股价信息含量，最终促使资本市场资源配置效率得以提高。

张纯和吕伟（2007）运用 Almeida 等（2010）的融资约束模型研究认为，信息披露水平和以证券分析师为代表的市场关注程度的提高能显著降低企业的融资约束。本书结合终极控制权性质研究证券分析师的市场功能具有重要的现实意义[①]。

5.1.3 假设提出

Ascioglu 等（2008）利用相对有效传播、交易价差和知情交易率作为信息不对称的衡量手段，证实了高信息不对称度将减少公司投资的平均水平，并且加剧公司的投资现金流敏感性。因此，我们认为，可通过降低公司的信息不对称度来减少公司的投资现金流敏感性，从而提高公司的投资效率。分析师跟踪与分析师盈利预测准确性作为改善公司信息环境或者改善公司信息不对称程度的代理变量正在被广泛地使用（Lang et al.，2003）。因而，我们提出如下假设。

假设 5-1a：跟踪同一家上市公司的证券分析师人数越多，其投资现金流敏感性就越低。

假设 5-1b：证券分析师盈余预测一致性（准确性）越高，越有利于降低公司的投资现金流敏感性。

对于高的投资现金流敏感性的解释，本书采纳了 Gugler（2003）的部分观点，认为高的投资现金流敏感性可用融资约束（导致投资不足）和代理冲突（导致过

[①] 与张纯和吕伟（2007）的研究不同，本书结合终极控制权性质深入研究了证券分析师的市场功能，从而发现，我国的证券分析师与西方成熟资本市场上的证券分析师的功能不同，具体结论可参考下文。

度投资）两种理论进行解释。在我国，马君潞等（2008）研究证明，我国上市公司的投资行为受预算软约束条件下的委托代理问题和金融约束因素共同影响。对于存在二元产权结构上市公司体系的转型经济体而言，除了考虑融资约束的影响之外，还需考虑上市公司的预算软约束和较为严重的代理成本问题。因而，我们将样本公司分为国有控股公司与民营控股公司。国有控股公司根据政府干预程度又可以分为政府干预程度强的国有控股公司和政府干预程度弱的国有控股公司。之所以这样划分，是因为政府干预引起的预算软约束扭曲了国有控股企业面临的真实的融资约束，实际上，国有控股企业受政府的非市场化融资安排，它们更容易获得债务融资、政府补贴（朱红军，2006）。

在政府干预程度强的国有控股公司中，这种现象尤为突出。融资成本对于它们的投资决策影响很少，在现存的多元目标体系和刚性薪酬管制体制背景下，即使投资项目继续进行的边际经济收益为负值，经理人也可能不会终止投资，因而这类公司高的投资现金流敏感性主要是由委托代理引起的过度投资造成的。对于政府干预程度弱的国有控股公司，相比之下，其市场化竞争程度较高，经理人在各方利益主体的多重监督下，道德风险问题相对较少。同时，由于政府的干预较少，预算软约束现象并不普遍，公司面临着真实的融资约束（投资不足），融资成本对于该类国有控股公司的投资决策影响较大。连玉君和程健（2006）建立的动因检验模型的检验结果证明了这一点。高国有股比例（强干预）的公司，其投资现金流敏感性主要由代理成本所致；而低国有股比例（弱干预）的公司，融资约束是主因。

西方众多的研究认为，证券分析师能够提高公司的信息传播效率（Brennan, et al., 1993; Barth and Hutton, 2000），降低公司的股权融资成本（Bowen, et al., 2004），从而减缓公司的外部融资约束。我国的研究相对较少，朱红军等（2007）从信息中介的角度证实了我国的证券分析师的信息搜寻活动能够提高股价的信息含量，不仅降低了公司投资者获取信息的成本，还降低了投资者的交易成本，并且使得公司股价中包含了更多公司层面的信息，由此降低了股价同步性，提高了股价信息含量，最终促使资本市场资源配置效率得以提高。

因此，我们提出如下假设。

假设 5-2a：政府干预程度弱的国有控股公司，其高的投资现金流敏感性（由融资约束引起）随着分析师跟踪人数的增多而不断的降低，即分析师跟踪能有效缓解此类公司的融资约束困境。

大量的西方文献研究认为，证券分析师具有监督作用，能够降低代理成本，提高公司价值，如 Chung 和 Jo（1996）研究认为，分析师的实际监督减少了现代公司理论下固有的所有权和控制权分离导致的代理成本。Moyer 等（1989）、Doukas 和 Pantzalis（2005）证实了证券分析师具有监督功能，因而其与企业的价值之间存在正向关系。在我国，证券分析师行业起步较晚，其发展远不及西方发达国家，我国的证券分析师是否具有监督作用，能否降低代理成本并不明确。因此，我们提出如下假设。

假设5-2b：分析师跟踪对于政府干预程度较为严重的国有控股公司的投资现金流敏感性（由代理冲突引起）无影响，即分析师跟踪不具有监督功能，未能有效抑制由委托代理引起的过度投资问题。

民营企业是我国国民经济发展的重要组成部分，是我国经济新的增长点。但根深蒂固的历史原因，导致了其目前强位弱势的尴尬境况。由于它们在银行信贷市场及资本市场中处于明显的劣势地位，因而常常受到融资约束的困扰。它们不会有动力去从事无效率的过度投资。相比之下，民营控股上市公司解决了资金困难，一方面，好大喜功、做大做强的目标促使它们进行过度投资。另一方面，杨兴君等（2003）研究发现，我国民营控股上市公司普遍采取金字塔式的控股结构控制多家上市公司，造成现金流权与控制权的分离，加大控股股东侵害少数股东权益的机会和程度。当大股东以较小的现金流权就可获得较大的控制权来控制整个公司的经营活动时，其和小股东之间就会有强烈的利益冲突，因而产生"隧道效应"，即大股东以很隐蔽的方式，如关联交易、多元化投资等，将公司的资源转移出去。大股东将会投资NPV（net present value，净现值）为负值的投资项目获取私利，但这对公司而言是低效的，从而侵蚀小股东的利益。留存在公司的内部现金流资源越多，发生这种低效的过度投资的可能性就越大。因而，相比融资约束引起的投资不足现象，民营控股上市公司由委托代理引起的过度投资现象更为严重，这一点已得到证实。例如，罗琦等（2007）以我国上市公司为分析样本，通过检验现金持有量对投资现金流敏感性的影响，结果显示，融资约束与过度投资导致企业投资支出与内部现金流密切相关。民营控股上市公司存在过度投资，所持有的现金具有明显的壕沟效应，进一步提高了投资现金流敏感性。

目前尚未有文献证实我国的证券分析师能够有效抑制公司的代理成本。由上文的理论分析我们提出如下假设。

假设5-3：分析师跟踪对民营控股公司的投资现金流敏感性无影响，即分析师跟踪不具有监督功能，未能有效抑制由委托代理引起的过度投资问题。

5.2 研究设计

5.2.1 样本选取与数据来源

本书以2012~2014年深市、沪市A股上市公司为研究对象，使用面板数据进行实证检验。本书除分析师跟踪人数是来自 Wind 金融数据库外,其他数据均来自深圳市国泰安信息技术有限公司提供的 CSMAR 中国股票市场数据库。根据本书的研究目的,同时为了保证研究结果的稳健性,本书对初选样本进行如下筛选:剔除出现财务困境的公司(该类公司为 ST 公司)样本;剔除当年 IPO(initial public offerings,首次公开募股)、配股、增发的公司样本;剔除发行 B 股或 H 股的上市公司样本;剔除金融行业公司样本;剔除在样本期间有重大并购行为的公司样本;剔除当年分析师跟踪人数为 0 的上市公司样本;剔除模型中变量数据缺失的公司样本。为避免极端值的影响,本书对因变量极端值采用 Winsorize 处理方法。最终,本书共得到"公司-年度"观测值 819 个,代表 273 家公司。文末,我们将研究时间序列延长,进行再次验证。

5.2.2 模型设计

国外学者在考查公司的投融资行为时所使用的实证模型主要可以分为四类:新古典模型、销售加速模型、托宾 Q 模型和尤拉方程投资模型(Euler-equation investment model)。

1. 新古典模型

模型定义如下:

$$\left(\frac{I}{K}\right)_{it} = \alpha_0 + \alpha_1 \left(\frac{C}{K}\right)_{it} + \alpha_2 \left(\frac{C}{K}\right)_{i,t-1} + \alpha_3 \left(\frac{CF}{K}\right)_{i,t-1} + \varepsilon_{it}$$

其中,I 表示投资水平;CF 表示内部现金流;K 表示资本存量;C 表示资金成本;系数 α_3 表示投资对现金流的敏感性,是扰动项。在新古典模型中,资本的相关成本是公司投资的主要决定因素(Jorgenson,1963)。尽管今天的投资产生明天的产出,但这个模型并没有包含任何企业成长性的预期变量或者说代表投资机会的变量。

2. 销售加速模型

该模型由 Eisner 和 Nadiri(1968)提出,在该模型里,公司的投资决策受到公司的销售收入变动的影响,并且销售收入的变动影响公司的投资规模。这与新古典模型是一样的。

模型如下:

$$\left(\frac{I}{K}\right)_{it} = \alpha_i + \alpha_1 \left(\frac{S}{K}\right)_{it} + \alpha_2 \left(\frac{S}{K}\right)_{i,t-1} + \alpha_3 \left(\frac{CF}{K}\right)_{i,t-1} + \varepsilon_{it}$$

其中,I 表示投资水平;K 表示资本存量;S 表示总销售收入;CF 表示内部现金流;

α_3 表示企业投资对现金流的敏感性。

从上述模型中我们可以得知，企业投资机会变量及未来企业成长性影响因素没有出现在模型中。

3. 托宾 Q 模型

托宾 Q 代表了公司潜在投资机会。研究往往用股票与债券的市场价值之和作为分子，而用资本的重置价值作为分母，其比值表示公司未来成长能力预期。托宾 Q 模型弥补了新古典模型与销售加速模型的缺点，其将企业未来成长能力纳入投资模型，将未来市场价值与反映潜在投资机会的托宾 Q 加入模型中，由此将融资约束与未来成长预期两个因素对公司投资的影响加以区分。托宾 Q 模型如下：

$$\left(\frac{I}{K}\right)_{it} = \alpha_0 + \alpha_1 Q_{it} + \alpha_2 \left(\frac{CF}{K}\right)_{it} + \varepsilon_{it}$$

其中，托宾 Q 值表示投资机会，它代表了企业未来成长能力；α_1 表示企业的投资机会与投资决策的相关系数，如果该系数为正数，代表投资机会与投资决策之间呈正相关关系；CF 表示企业内部现金流；α_2 表示投资对现金流的敏感系数。

托宾 Q 的计算在国内很难获取到其相关数据，主要是由于分子，即公司资产的重置价值不易获得。目前国内学者主要有两种计算托宾 Q 的方法，第一种方法，以非流通股账面价值代表其市场价值，用总资产的账面价值代表其重置价值。第二种方法，仍然用总资产账面价值代表其重置价值，但是分子在测算市场价值时，非流通股的市价是用流通股的市价乘一个折价百分比代替非流通股市价。这两种方法计算的托宾 Q 值跟实际托宾 Q 值并不相同，并且只有满足公司以股票计算的市场价值等于公司未来现金流折现值时，这两种计算方法才能大概描述公司未来的收益能力或成长能力。因此，由于托宾 Q 的使用，许多研究对实证结果的稳健性要加以重视，尤其要考虑托宾 Q 的代入仅仅是对公司未来的成长能力做出了大致的预测。

正是由于上述理由，本书认为托宾 Q 模型对于国内的资本市场缺乏适用条件。该模型虽然弥补了新古典模型与销售加速模型的缺点，并且被国外学者比较高频率的引用，但在我国，该模型并不能对资本市场出现的经济事项进行合理解释。

4. 尤拉方程投资模型

尤拉方程投资模型（Bond 和 Meghir，1994）是在新古典模型（Jorgenson，1963）、销售加速模型（Abel and Blanchard，1986）、托宾 Q 模型（Abel，1990；Hayashi，1982）之后出现的又一个新的投资模型。该模型不同于以往的投资模型，一方面它弥补了新古典模型和销售加速模型的缺点，即控制了未来预期收益对公司投资支出的影响。另一方面它也不像托宾 Q 模型那样，需要计算难以正确衡量的托宾 Q 值。因此，在国内，尤拉投资方程模型更受学者青睐。这一点，徐惠玲和刘军霞（2007）曾专门就该模型在我国的适用性进行了实证检验。

$$\left(\frac{I}{S}\right)_{it} = \alpha_i + \alpha_1\left(\frac{I}{S}\right)_{i,t-1} + \alpha_2\left(\frac{I}{S}\right)_{i,t-1}^2 + \alpha_3\left(\frac{CF}{S}\right)_{i,t-1} + \alpha_4\left(\frac{D}{S}\right)_{i,t-1} + \alpha_5\varepsilon_{it}$$

本书以尤拉方程投资模型作为实证检验模型，采用 Goergen 和 Renneboog（2001）的做法，在尤拉方程中用更稳定的 I/S 替代 I/K，在这个基础模型上，再把分析师跟踪及其与内部现金流的交叉项纳入模型中，由此建立实证检验回归模型，本书重点关注交叉项，以考察分析师跟踪能否缓解公司面临的外部融资约束。在本书中，分析师跟踪既包括分析师跟踪的数量，也包括分析师跟踪的质量。分析师跟踪人数反映了公司绩效及其管理决策行为的市场关注程度，分析师跟踪人数越多的公司代表其受市场关注的程度越高，同时也代表公司的私有信息被大量地挖掘及传播。但由于分析师预测行为受到经济利益的干扰，其预测结果备受争议。因此，为了更客观地衡量证券分析师的价值及影响，本书用分析师预测分散度 $DISP_{t-1}$ 和分析师预测误差 $Ferror_{t-1}$ 作为分析师跟踪质量的衡量手段。

本书主要研究模型设计如下：

$$\left(\frac{I}{S}\right)_{it} = \alpha_i + \alpha_1\left(\frac{I}{S}\right)_{i,t-1} + \alpha_2\left(\frac{I}{S}\right)_{i,t-1}^2$$
$$+ \alpha_3\left(\frac{CF}{S}\right)_{i,t-1} + \alpha_4 \text{Nbranf}_{i,t-1} \times \left(\frac{CF}{S}\right)_{i,t-1}$$
$$+ \alpha_5 \text{Nbranf}_{i,t-1} + \alpha_6\left(\frac{D}{S}\right)_{i,t-1} + \alpha_7\varepsilon_{it}$$

其中，i 表示第 i 家公司；t 表示第 t 年度。

变量说明见表 5-1。

表 5-1　变量说明（二）

变量	计算公式
α_i	代表随机变量
$(I/S)_t$	是考虑公司规模的资本性支出，等于当年现金流量表中"企业购买固定资产、无形资产及其他资产的现金支出"/当年主营业务收入
$(I/S)_{t-1}$	是考虑公司规模的资本性支出，等于上一年度现金流量表中"企业购买固定资产、无形资产及其他资产的现金支出"/上一年度主营业务收入
$(I/S)_{t-1}^2$	是考虑公司规模的资本性支出，等于"上一年度现金流量表中'企业购买固定资产、无形资产及其他资产的现金支出'/上一年度主营业务收入"的平方
$(CF/S)_{i,t-1}$	是考虑公司规模的内部现金流变量，等于上一年度现金流量表中"经营活动的现金净流量"/上一年度主营业务收入
Nbranf_{t-1}	是分析师跟踪的人数，解释为上一年度跟踪同一上市公司的证券分析师的人数

续表

变量	计算公式
$DISP_{t-1}$	代表上一年度分析师盈余预测分散度,其值越小,预测一致性越高,其计算公式为盈余预测的标准差除以均值的绝对值
$Ferror_{t-1}$	代表上一年度分析师盈余预测误差,误差越小,盈余预测的精确度越高,其计算公式为:|预测的每股收益−实际的每股收益|/|实际的每股收益|
$(D/S)_{t-1}$	是考虑公司规模的负债总额,等于上一年度资产负债表中的负债总额/上一年度主营业务收入
ε_{it}	是扰动项

5.3 实证检验

5.3.1 描述性统计分析

表 5-2 中,从描述性统计结果可以看出,上一年度资本性支出的均值为 0.214 8,与当年度的资本性支出均值 0.180 4 差别不大,而其最小值与最大值的差距却较大,这说明总样本中个体之间的差异很明显,而时间序列的差异相对较弱。分析师跟踪人数描述性统计结果显示,我国上市公司的分析师跟踪人数分布很不均衡,跟踪人数最多达 27 人,最少为 1 人。总体来看,大部分上市公司的分析师跟踪人数较少,主要是因为我国证券分析师行业刚起步,还处于初始发展阶段。代表分析师跟踪质量的指标,如分析师盈余预测分散度(分析师预测误差)指标,其值越小,一致性(准确性)越高,即分析师跟踪质量越高,从描述性统计结果可以看出,二者在截面个体之间的分布较分散。至于内部现金流变量,在处理极端值之后,标准差较少,分布较集中。

表 5-2 投资及现金流等变量的描述性统计(一)

变量	均值	标准差	最小值	P25	P75	最大值
$(I/S)_t$	0.180 4	0.349 6	0.001 4	0.030 3	0.175 7	2.760 0
$(I/S)_{t-1}$	0.214 8	0.377 8	0.001 7	0.038 4	0.229 0	2.680 0
$(CF/S)_{t-1}$	0.159 9	0.272 3	−0.646 0	0.043 8	0.205 5	1.710 0
$Nbranf_{t-1}$	9.591 1	6.292 2	1.000 0	4.000 0	14.000 0	27.000 0
$DISP_{t-1}$	0.110 0	0.097 6	0	0.047 9	0.144 8	0.705 0
$Ferror_{t-1}$	0.163 8	0.159 2	0.001 2	0.049 0	0.225 0	0.926 8
$(D/S)_{t-1}$	0.960 0	0.958 0	0.043 8	0.408 0	1.140 0	8.902 4

由简单的全样本相关系数矩阵(表 5-3)可以看出,投资现金流敏感性系数为正值,即当年投资支出与经营活动现金流量之间呈正相关关系。而上一年度分析

师盈余预测分散度与上一年度分析师盈余预测误差相关系数较大，为了不影响本书的结论，将二者分开进行研究。上一年度分析师跟踪人数变量除与上一年度经营活动的内部现金流变量的相关系数较大之外，其与其他解释变量之间的相关系数均不大。为了结论的稳健性，我们又进一步进行多重共线性检验，发现 VIF（variance inflation factor，方差膨胀因子）<10，不影响本书的结论。

表 5-3　全样本相关系数矩阵（一）

变量	$(I/S)_t$	$(I/S)_{t-1}$	$(CF/S)_{t-1}$	Nbranf$_{t-1}$	DISP$_{t-1}$	Ferror$_{t-1}$	$(D/S)_{t-1}$
$(I/S)_t$		0.641 2	0.538 2	0.129 4	−0.094 3	−0.065 3	0.016 8
$(I/S)_{t-1}$	0.752 7		0.611 9	0.151 2	−0.088 1	−0.060 9	0.082 7
$(CF/S)_{t-1}$	0.551 0	0.525 1		0.203 4	−0.059 9	−0.054 5	0.017 3
Nbranf$_{t-1}$	0.132 6	0.136 0	0.204 8		−0.047 9	−0.211 9	−0.064 4
DISP$_{t-1}$	−0.115 2	−0.095 9	−0.088 4	0.171 3		0.374 2	−0.000 7
Ferror$_{t-1}$	−0.081 0	−0.085 5	−0.065 5	−0.243 9	0.240 3		0.135 1
$(D/S)_{t-1}$	0.187 3	0.324 1	0.130 6	−0.066 2	0.068 1	0.073 9	

注：右上三角表示 Pearson 简单相关系数矩阵，左下三角表示 Spearman 秩相关系数矩阵

5.3.2　全样本回归

1. Hausman 检验

由于本书采用的是面板数据，为了确定采用何种类型的回归模型，故进行 Hausman 检验。

$$\text{chi2}(6) = (b-B)'\left[(V\_b-V\_B)^{\wedge}(-1)\right](b-B)$$
$$= 303.15$$
$$\text{Prob} > \text{chi2} = 0$$

由表 5-4 计算得出，$t = -0.131\ 1 / 0.017\ 2 = -7.62$，因而系数差异显著，故拒绝原假设，选用固定效应模型。

表 5-4　Hausman 检验结果（一）

变量	(b)_fe	(B)_re	(b−B) Difference	sqrt(diag(V_b−V_B)) S.E.
$(I/S)_{t-1}$	0.407 9	0.539 0	−0.131 1	0.017 2
$(I/S)_{t-1}^2$	−0.015 6	−0.019 5	0.003 8	0.000 5
$(CF/S)_{t-1}$	0.432 6	0.434 1	−0.001 6	0.007 9
$(D/S)_{t-1}$	−0.011 2	−0.003 8	−0.007 4	0.002 0
Nbranf$_{t-1}$	−0.001 4	0.000 3	−0.001 4	0.001 4
Nbranf$_{t-1}\times(CF/S)_{t-1}$	−0.010 3	−0.011 0	0.000 7	0.000 2

2. 回归结果分析

表5-5全样本回归结果显示，三个模型的投资现金流敏感系数均在 0.01 水平下显著为正值。

表 5-5 全样本回归（一）

变量	固定效应模型		
	模型 1	模型 2	模型 3
Intercept	0.211*** (5.28)	0.201*** (5.77)	0.078*** (4.68)
$(I/S)_{t-1}$	0.262*** (4.43)	0.283*** (3.85)	0.224*** (3.92)
$(I/S)_{t-1}^2$	−0.008*** (−6.37)	−0.007*** (−4.62)	−0.004 (−0.14)
$(CF/S)_{t-1}$	0.126*** (5.59)	0.100*** (2.89)	0.214*** (3.79)
$Nbranf_{t-1}$	−0.003** (−2.03)		
$Nbranf_{t-1} \times (CF/S)_{t-1}$	−0.004*** (−6.43)		
$DISP_{t-1}$		−0.031** (−2.28)	
$DISP_{t-1} \times (CF/S)_{t-1}$		0.219** (2.31)	
$Ferror_{t-1}$			0.048 (0.94)
$Ferror_{t-1} \times (CF/S)_{t-1}$			0.004 (0.02)
$(D/S)_{t-1}$	−0.087*** (−2.66)	−0.092*** (−2.65)	−0.031*** (−2.65)
R^2	0.3379	0.3039	0.3512
F 检验	显著	显著	显著
n	273/819	273/819	273/819

***、**、*分别表示 0.01、0.05、0.1 的显著性水平

注：本书采用 Stata 10.0 进行回归，括号内的数字表示 t 值；$(I/S)_t$ 的异常值进行了 Winsorize 处理，即对所有小于 1% 分位数（大于 99% 分位数）的数值，令其值等于 1% 分位数（99% 分位数）；为了尽可能消除内生性问题引起的结果不稳定，本书选取了滞后一期的分析师跟踪变量

模型 1 中，分析师跟踪人数与现金流交叉变量的系数在 0.05 的水平下显著为负值，说明同一家上市公司被越多的证券分析师跟踪，那么公司内外部投资者之间的信息不对称程度就越低，在良好的信息环境下，公司个体信息的大量传播，

吸引了大批的投资者，提高了股票的流动性，降低了股权融资成本，从而减少公司投资支出对内部现金流的依赖，提高了公司投资效率，在本书的模型中，表现为投资现金流敏感性的减少，假设 5-1a 得到验证。在模型 2 中，分析师盈余预测分散度与内部现金流交叉变量的系数呈正相关关系，即分析师预测一致性越高，其发布的盈余信息对市场的影响越大，通过吸引大批的潜在投资者，使得公司顺利进行外部融资，从而减少公司投资支出对内部现金流的依赖，提高公司投资效率，在本书的模型中，表现为投资现金流敏感性的减少，因而从分析师跟踪的质量上得到验证。在模型 3 中，分析师盈余预测误差与内部现金流交叉变量的系数同样呈正相关关系，但变量的影响并不显著。从回归结果总体来看，分析师跟踪（数量和质量）能够降低上市公司的投资现金流敏感性。为了进一步检验证券分析师跟踪的市场功能，我们按照 Gugler（2003）的先验判断的观点，对全样本按照终极控制权性质进行分组检验，具体分析证券分析师能否像成熟资本市场的证券分析师那样有效缓解公司融资约束及降低公司的代理成本。

5.3.3 终极控制权性质分组回归

本书按照上市公司最终控制人的类型不同，将全部样本分为国有控股公司与民营控股公司两大类，在国有控股公司中又进一步按照政府干预程度将国有控股公司划分为政府干预程度强的公司和政府干预程度弱的公司。在国有控股公司中，干预程度强弱的划分是依据樊纲等的《中国市场化指数》（2005~2006）研究报告，本书将研究报告中政府与市场关系的得分作为界定政府干预程度的标准，政府与市场关系的得分越高，说明政府干预程度越弱（夏立军和方轶强，2005；孙铮等，2005）。根据研究需要，我们将上市公司所在的地区，即当年政府与市场关系的得分大于当年该指标平均值的地区定义为政府干预程度弱的地区，将小于当年该指标平均值的地区定义为政府干预程度强的地区。

表 5-6 回归结果显示，政府干预程度弱的国有控股公司，其投资现金流敏感系数 0.140 在 0.05 的水平下显著为正值（t=4.27），由本书的分析得知这是公司面临的融资约束导致的。分析师跟踪人数与内部现金流显著为负值的交叉变量系数说明，在政府干预程度较弱的国有控股公司里，其投资现金流敏感性随着分析师跟踪人数的增多而不断的降低，即证券分析师能缓解公司的融资约束（投资不足）困境。其影响传导机制主要是证券分析师通过盈利预测和投资评级等研究报告的发布，减少公司与投资者之间的信息不对称程度，吸引潜在的投资者，降低股权融资成本，由此降低公司投资对于内部现金流的依赖，提高公司投资效率，假设 5-2a 得到验证。

表 5-6　按终极控制权性质分组的固定效应回归结果（一）

变量	国有控股 弱干预	国有控股 强干预	国有控股 全部样本	民营控股
Intercept	0.145*** (5.64)	0.118** (2.33)	0.139*** (6.35)	0.184*** (4.39)
$(I/S)_{t-1}$	0.178*** (2.85)	0.573*** (4.10)	0.229*** (3.74)	0.490*** (2.63)
$(I/S)_{t-1}^2$	−0.006*** (−5.32)	−0.361 (−0.67)	−0.007*** (−5.82)	−0.622* (−1.69)
$(CF/S)_{t-1}$	0.140** (4.27)	0.224* (1.77)	0.134** (4.91)	0.053** (2.01)
$Nbranf_{t-1} \times (CF/S)_{t-1}$	−0.004** (−4.60)	−0.007 (−1.03)	−0.004** (−5.37)	−0.003 (−1.38)
$Nbranf_{t-1}$	−0.003* (−1.69)	−0.002 (−0.56)	−0.003** (−2.04)	−0.011 (−0.40)
$(D/S)_{t-1}$	−0.005** (−2.07)	−0.060 (−1.93)	−0.005 (−1.91)	−0.096* (−1.82)
R^2	0.665 8	0.644 6	0.645 4	0.095 3
F 检验	显著	显著	显著	显著
n	168/504	46/138	214/642	59/177

***、**、* 分别表示 0.01、0.05、0.1 的显著性水平

注：在分组回归中，我们只考虑了分析师跟踪人数变量的影响；括号内的数字表示 t 值；$(I/S)_t$ 的异常值进行了 Winsorize 处理，即对所有小于 1% 分位数（大于 99% 分位数）的数值，令其值等于 1% 分位数（99% 分位数）；为了尽可能消除内生性问题引起的结果不稳定，本书选取了滞后一期的分析师跟踪变量

政府干预程度强的国有控股公司，其投资现金流敏感系数显著为正值，由前人的研究结论及本书的分析得知这是由代理冲突引起的，而我们重点考察的分析师跟踪人数与内部现金流的交叉变量系数为 −0.007（t=−1.03），并不显著。这说明我国的证券分析师未能发挥显著的监督作用，即不能像成熟资本市场上的证券分析师那样，有效地抑制由上市公司代理冲突引起的过度投资问题，从而降低上市公司的代理成本，假设 5-2b 得到验证。

民营控股公司的投资支出与内部现金流在 0.05 的水平下呈显著正相关关系，意味着民营控股公司存在着严重的代理问题，因为公司控股大股东与"用脚投票"的小股东之间存在着目标价值差异，所以，即使企业投资项目预期回报率低于资金的机会成本，即投资项目产生负的净收益，控股股东为了维护自己的私有获利，最终还是会损害小股东的利益，选择进行投资。而分析师跟踪人数与内部现金流的交叉项系数虽然为负值（−0.003），却并不显著（t=−1.38），这再次验证了我国证券分析师未能有效监督所跟踪公司的代理冲突（过度投资）问题，假设 5-3 得到验证[①]。

[①] 由于面板数据既包括时间序列数据又包括横截面数据，如果数据存在异方差及自相关，会使回归结果发生偏误。因此，我们也采用了可行的广义最小二乘法（feasible generalized least squares，FGLS）进行回归，结论基本保持不变。由于篇幅所限，结果未一一列出。

5.4 前期研究结论

本书以 2005~2010 年深市、沪市 A 股上市公司为研究对象，使用面板数据进行实证检验。本部分的样本筛选标准同前，此处不再赘述。为避免极端值的影响，本书对因变量极端值采用 Winsorize 处理方法，即对所有小于 1%分位数（大于 99%分位数）的数值，令其值分别等于 1%分位数（99%分位数）。最终，本书共得到"公司-年度"观测值 1 620 个，代表 270 家公司。

5.4.1 模型设计

本书主要研究模型设计如下：

$$\left(\frac{I}{S}\right)_{it} = \alpha_i + \alpha_1\left(\frac{I}{S}\right)_{i,t-1} + \alpha_2\left(\frac{I}{S}\right)^2_{i,t-1} \\ + \alpha_3\left(\frac{CF}{S}\right)_{i,t-1} + \alpha_4 \text{Ln}\left(\text{Nbranf}_{i,t-1}\right) \times \left(\frac{CF}{S}\right)_{i,t-1} \\ + \alpha_5 \text{Ln}\left(\text{Nbranf}_{i,t-1}\right) + \alpha_6\left(\frac{D}{S}\right)_{i,t-1} + \alpha_7 \varepsilon_{it}$$

其中，i 表示第 i 家公司；t 表示第 t 年度。

变量说明见表 5-7。

表 5-7 变量说明（三）

变量	计算公式
α_i	代表随机变量
$(I/S)_t$	是考虑公司规模的资本性支出，等于当年现金流量表中"企业购买固定资产、无形资产及其他资产的现金支出"/当年主营业务收入
$(I/S)_{t-1}$	是考虑公司规模的资本性支出，等于上一年度现金流量表中"企业购买固定资产、无形资产及其他资产的现金支出"/上一年度主营业务收入
$(I/S)^2_{t-1}$	是考虑公司规模的资本性支出，等于"上一年度现金流量表中'企业购买固定资产、无形资产及其他资产的现金支出'/上一年度主营业务收入"的平方
$(CF/S)_{i,t-1}$	是考虑公司规模的内部现金流变量，等于上一年度现金流量表中"经营活动的现金净流量"/上一年度主营业务收入
$\text{Ln}(\text{Nbranf}_{t-1})$	分析师跟踪人数的自然对数，等于是上一年度跟踪同一上市公司的证券分析师的人数的自然对数
DISP_{t-1}	代表上一年度分析师盈余预测分散度，其值越小，预测一致性越高，其计算公式为盈余预测的标准差除以均值的绝对值
Ferror_{t-1}	代表上一年度分析师盈余预测误差，误差越小，盈余预测的精确度越高，其计算公式=|预测的每股收益−实际的每股收益|/|实际的每股收益|

续表

变量	计算公式
$(D/S)_{t-1}$	是考虑公司规模的负债总额，等于上一年度资产负债表中的负债总额/上年度主营业务收入
ε_{it}	是扰动项

5.4.2 实证检验结果

1. 变量的描述性统计

表 5-8 中，从描述性统计结果可以看出，上一年度资本性支出的均值为 0.171 2，与当年的资本性支出均值 0.156 8 差别不大，而其最小值与最大值的差距却较大，这说明总样本中个体之间的差异很明显，而时间序列的差异相对较弱。我国上市公司的分析师跟踪人数分布很不均衡。大部分上市公司的分析师跟踪人数较少，主要是因为我国证券分析师行业刚起步，还处于初始发展阶段。在下文的回归分析中，我们取其自然对数进行分析。代表分析师跟踪质量的指标，如分析师盈余预测分散度（分析师盈余预测误差）指标，其值越小，一致性（准确性）越高，即分析师跟踪质量越高。从其描述性统计结果可以看出（表 5-8），二者在截面个体之间的分布较分散。至于内部现金流变量，在处理极端值之后，标准差较少，分布较集中。

表 5-8　投资及现金流等变量的描述性统计（二）

变量	均值	标准差	最小值	P25	P75	最大值
$(I/S)_t$	0.156 8	0.245 3	0.001 5	0.030 0	0.172 8	1.600 0
$(I/S)_{t-1}$	0.171 2	0.254 1	0.001 5	0.034 2	0.190 0	1.600 0
$(CF/S)_{t-1}$	0.159 6	0.194 6	−0.374 3	0.050 1	0.217 0	1.070 0
$Ln(Nbranf_{t-1})$	1.830 8	0.862 7	0	1.386 3	2.565 0	3.367 3
$DISP_{t-1}$	0.108 8	0.097 5	0	0.045 7	0.141 1	0.814 4ln
$Ferror_{t-1}$	0.178 9	0.186 4	0	0.048 9	0.239 3	0.998 2
$(D/S)_{t-1}$	0.976 7	0.841 6	0.115 0	0.427 9	1.202 8	4.760 0

2. 主要研究变量的相关系数

由简单的全样本相关系数矩阵（表 5-9）可以看出，投资现金流敏感性系数为正值，即当年资本性支出与上一年度经营活动的内部现金流之间呈正相关关系。而一上年度分析师盈余预测分散度与上一年度分析师盈余预测误差相关系数较大，为了不影响本书的结论，本书将二者分开进行研究。上一年度分析师跟踪人数变量除与上一年度经营活动的现金流变量的相关系数较大之外，其与其他解释变量之间的相关系数不大。为了结论的稳健性，我们又进一步进行了多重共线性检验，发现 VIF<10，不影响本书的结论。

表 5-9　全样本相关系数矩阵（二）

变量	$(I/S)_t$	$(I/S)_{t-1}$	$(CF/S)_{t-1}$	$\mathrm{Ln}(\mathrm{Nbranf}_{t-1})$	DISP_{t-1}	Ferror_{t-1}	$(D/S)_{t-1}$
$(I/S)_t$		0.681 7	0.534 3	0.061 6	−0.067 5	−0.041 5	0.191 3
$(I/S)_{t-1}$	0.754 2		0.524 5	0.110 6	−0.028 2	−0.038 0	0.322 4
$(CF/S)_{t-1}$	0.485 3	0.502 3		0.123 8	−0.048 3	−0.088 8	0.122 5
$\mathrm{Ln}(\mathrm{Nbranf}_{t-1})$	0.127 4	0.183 9	0.144 4		0.179 9	−0.161 0	−0.058 0
DISP_{t-1}	−0.044 1	−0.001 8	−0.016 6	0.209 0		0.346 5	0.129 1
Ferror_{t-1}	−0.032 4	−0.032 9	−0.073 0	−0.138 6	0.299 3		0.101 1
$(D/S)_{t-1}$	0.297 8	0.398 0	0.215 5	−0.071 6	0.103 5	0.101 7	

注：右上三角表示 Pearson 简单相关系数矩阵，左下三角表示 Spearman 秩相关系数矩阵

3. 全样本回归

由于本书采用的是面板数据，为了确定采用何种类型的回归模型，故进行 Hausman 检验。

$$\mathrm{chi2}(6) = (b-B)'\left[(V\_b - V\_B)\hat{}(-1)\right](b-B)$$
$$= 232.18$$
$$\mathrm{Prob} > \mathrm{chi2} = 0$$

由表 5-10 计算得出，$t = -0.421\ 0/0.053\ 8 = -7.825$，因而系数差异显著，故拒绝原假设，选用固定效应模型。

表 5-10　Hausman 检验结果（二）

变量	(b)_fe	(B)_re	$(b-B)$ Difference	sqrt（diag（V_b-V_B））S.E.
$(I/S)_{t-1}$	0.192 5	0.613 4	−0.421 0	0.053 8
$(I/S)_{t-1}^2$	0.074 8	0.112 4	0.187 2	0.035 1
$(CF/S)_{t-1}$	0.321 3	0.258 7	0.062 6	0.027 9
$(D/S)_{t-1}$	−0.070 3	−0.002 2	−0.068 1	0.012 0
$\mathrm{Ln}(\mathrm{Nbranf}_{t-1})$	−0.018 0	−0.014 3	−0.003 6	0.005 5
$\mathrm{Ln}(\mathrm{Nbranf}_{t-1}) \times (CF/S)_{t-1}$	−0.005 8	−0.005 7	−0.000 1	−0.000 6

表 5-11 回归结果显示，三个模型的投资现金流敏感系数均在 0.01 水平下显著为正值。除此之外，模型 1 中，分析师跟踪人数与内部现金流交叉变量的系数在 0.1 的水平下显著为负值，说明跟踪同一家上市公司的分析师人数越多，公司内外部投资者之间的信息不对称程度就越低，在良好的信息环境下，公司个体信息的大量传播，吸引了大批的投资者，提高了股票的流动性，降低了股权融资成本，从而减少了公司投资支出对内部现金流的依赖，提高了公司投资效率，在本书的模型中，表现为投资现金流敏感性的减少，假设 5-1a 得到验证。在模型 2 中，分析师盈余预测分散度与内部现金流交叉变量的系数呈正相关关系，即分析师预测一致性越高，其发布的盈余信息对市场的影响越大，通过吸引大批的潜在投资者，使得公司顺利进行外部融资，从而减少公司投资支出对内部现金流的依赖，提高公司投资效率，在本书的模型中，表现为投资现金流敏感性的减少，因而从分析师跟踪的质量上得到验证。在模型 3 中，分析师盈余预测误差与内部现金流交叉变量的系数同样呈正相关关系，但变量的影响并不显著。从回归结果总体来看，分析师跟踪（数量和质量）能够降低上市公司的投资现金流敏感性。为了进一步检验证券分析师跟踪的市场功能，我们按照 Gugler（2003）的先验判断的观点，对全样本按照终极控制权性质进行分组检验，具体分析证券分析师能否像成熟资本市场的证券分析师那样有效缓解公司融资约束及降低公司的代理成本。

表 5-11　全样本回归（二）

变量	固定效应模型		
	模型 1	模型 2	模型 3
Intercept	0.112 5*** (7.84)	0.105 8*** (10.50)	0.137 3*** (11.90)
$(I/S)_{t-1}$	0.304 6*** (5.05)	0.254 6*** (3.47)	0.398 6*** (6.50)
$(I/S)_{t-1}^2$	−0.047 0 (−1.05)	−0.052 2 (−0.98)	−0.021 1 (−0.47)
$(CF/S)_{t-1}$	0.061 6*** (2.96)	0.024 2*** (6.06)	0.057 7*** (9.20)
$\text{Ln}(\text{Nbranf}_{t-1})$	−0.003** (−2.03)		
$\text{Ln}(\text{Nbranf}_{t-1}) \times (CF/S)_{t-1}$	−0.012 9* (−1.85)		
DISP_{t-1}		−0.002 6* (−1.84)	
$\text{DISP}_{t-1} \times (CF/S)_{t-1}$		0.016 9** (2.51)	
Ferror_{t-1}			0.003 0 (0.20)
$\text{Ferror}_{t-1} \times (CF/S)_{t-1}$			0.012 4 (0.32)

续表

变量	固定效应模型		
	模型 1	模型 2	模型 3
$(D/S)_{t-1}$	−0.005 7** (−2.17)	−0.005 9* (−1.79)	−0.064 1*** (−6.36)
R^2	0.468 8	0.450 5	0.404 8
F 检验	显著	显著	显著
n	270/1 620	270/1 620	270/1 620

***、**、*分别表示 0.01、0.05、0.1 的显著性水平

注：本书采用 Stata 10.0 进行回归，括号内的数字表示 t 值；$(I/S)_t$ 的异常值进行了 Winsorize 处理，即对所有小于 1% 分位数（大于 99% 分位数）的数值，令其值等于 1% 分位数（99% 分位数）；为了尽可能消除内生性问题引起的结果不稳定，本书选取了滞后一期的分析师跟踪变量

4. 终极控制权性质分组回归

终极控制权性质分组依据请参考 5.3.3 节，这些不再赘述。

表 5-12 检验结果显示，政府干预程度弱的国有控股公司，其投资现金流敏感系数在 0.01 的水平下显著为正值（t = 5.29），由本书的分析得知，这是公司面临的融资约束所导致的。分析师跟踪人数与内部现金流显著为负值的交叉变量系数说明，在政府干预程度较弱的国有控股公司里，其投资现金流敏感性随着分析师跟踪人数的增多而不断的降低，即证券分析师能缓解公司的融资约束（投资不足）困境。其影响传导机制主要是证券分析师通过盈利预测和投资评级等研究报告的发布，减少公司与投资者之间的信息不对称程度，吸引潜在的投资者，降低股权融资成本，由此降低公司投资对于内部现金流的依赖，提高公司投资效率，假设 5-2a 得到验证。

表 5-12 按终极控制权性质分组的固定效应回归（二）

变量	国有控股			民营控股
	弱干预	强干预	全部样本	
Intercept	0.128 5*** (3.39)	0.206 7*** (6.33)	0.114 6*** (6.76)	0.105 1*** (3.76)
$(I/S)_{t-1}$	0.104 7*** (4.32)	0.436 4*** (3.91)	0.323 5*** (4.63)	0.219 7* (1.75)
$(I/S)_{t-1}^2$	−0.004 0*** (−8.16)	−0.169 1 (−1.27)	0.032 7 (0.64)	0.124 8* (1.09)
$(CF/S)_{t-1}$	0.175 8*** (5.29)	0.158 2** (1.85)	0.172 1** (3.15)	0.065 3** (2.20)
$\text{Ln}(\text{Nbranf}_{t-1}) \times (CF/S)_{t-1}$	−0.045 1*** (−4.80)	−0.007 6 (−1.51)	−0.016 3** (−2.14)	−0.000 4 (−0.29)
$\text{Ln}(\text{Nbranf}_{t-1})$	−0.003 5** (−1.80)	−0.004 8 (−0.22)	−0.010 3** (−2.41)	−0.021 6 (−1.53)

续表

变量	国有控股 弱干预	国有控股 强干预	国有控股 全部样本	民营控股
$(D/S)_{t-1}$	−0.012 9 (−1.14)	−0.087 3*** (−4.36)	−0.005 7** (−2.03)	−0.000 1 (−0.01)
R^2	0.559 6	0.111 3	0.483 4	0.407 9
F 检验	显著	显著	显著	显著
n	165/990	46/276	211/1 266	59/354

***、**、*分别表示 0.01、0.05、0.1 的显著性水平

注：在分组回归中，我们只考虑了分析师跟踪人数变量的影响；括号内的数字表示 t 值；$(I/S)_t$ 的异常值进行了 Winsorize 处理，即对所有小于 1%分位数（大于 99%分位数）的数值，令其值等于 1%分位数（99%分位数）；为了尽可能消除内生性问题引起的结果不稳定，本书选取了滞后一期的分析师跟踪变量

政府干预程度强的国有控股公司，其投资现金流敏感系数显著为正值，由前人的研究结论及本书的分析得知这是由代理冲突引起的，而我们重点考察的分析师跟踪人数与内部现金流的交叉变量系数为−0.007 6（t=−1.51），并不显著。这说明我国的证券分析师未能发挥显著的监督作用，不能像成熟资本市场上的证券分析师那样，有效地抑制由上市公司代理冲突引起的过度投资问题，从而降低上市公司的代理成本，假设 5-2b 得到验证。

民营控股公司的投资支出与内部现金流在 0.05 的水平下呈显著正相关关系，意味着民营控股公司存在着严重的代理问题，由于控股股东与小股东之间存在目标差异，所以，即使企业面临的资本性支出回报率低于资金的机会成本，控股股东还是会选择进行投资，这种过度投资行为虽然背离了小股东利益，但可以使控股股东从中享受到源于控制特权的私人利益。而分析师跟踪人数与内部现金流的交叉项系数虽然为负值（−0.000 4），却并不显著（t=−0.29），这再次验证了我国证券分析师未能有效监督所跟踪公司的代理冲突（过度投资）问题，假设 5-3 得到验证。

5.5 研究结论

证券分析师是资本市场的重要参与者，他们如何影响资本市场的资源配置效率却鲜有文献研究。本书从证券分析师的"信息中介"角色对其市场功能进行研究，主要以 Euler 投资方程模型为基础，加入分析师跟踪变量，通过观察投资现金流敏感性的变化以验证我国的证券分析师是否有助于缓解公司的外部融资约束。研究发现，同一家上市公司的分析师跟踪人数越多，公司内外部投资者之间的信息不对称程度就越低，在良好的信息环境下，通过提高股票的流动性，降低股权融资成本，从而减少公司投资支出对内部现金流的依赖，提高公司投资效率；从

分析师跟踪的质量，即分析师预测特性来看，分析师预测一致性越高，其对市场的影响力就越大，通过吸引大批的潜在投资者，使得公司顺利进行外部融资，从而减少公司投资支出对内部现金流的依赖，提高公司投资效率；分析师盈余预测误差代表分析师预测的准确性，其结果却并不显著。

Gugler（2003）研究认为，高的投资现金流敏感性可用融资约束（导致投资不足）和代理冲突（导致过度投资）两种理论进行解释。本书按照其先验判断的标准结合我国的实际情况，将全部样本以终极控制人性质进行分组检验，经研究发现，证券分析师能有效缓解政府干预程度较弱的国有控股公司的融资约束。而对于民营控股公司及政府干预程度较强的国有控股公司，由于其过度投资倾向较为严重，根据现有的研究样本，通过实证检验，我们未能得到西方成熟资本市场上的研究结论。我国的证券分析师不能有效降低由代理问题引发的高投资现金流敏感性，即不能有效地抑制企业的过度投资行为。

本书的研究结论为上市公司管理层积极开展投资者关系管理提供了经验证据。投资者关系管理能够通过在资本市场上增加信息供给，降低不同类别投资者之间及投资者与公司之间的信息不对称程度。众所周知，风险规避型的投资者更乐意购买他们熟悉的公司股票，公司高管通过合理引导分析师跟踪，可吸引大批潜在的投资者，通过降低公司的股权融资成本最终为公司获得持续融资能力提供重要保障。

第6章 分析师跟踪、信息不对称与债务/权益融资选择

进入20世纪70年代以后,随着信息经济学、信号理论、委托代理理论等信息不对称理论的迅猛发展,各国学者开始利用信息不对称理论解释各种各样的经济现象。在公司财务领域,信息不对称理论发挥了重要的作用。早前就有许多公司理财学者从信息不对称的角度来研究公司融资结构问题。Myers(1984)提出了著名的融资优序理论,该理论将权益融资作为最后的融资依赖手段。此后,很多研究证实了融资优序理论,认为信息不对称影响公司的权益发行。有学者认为,公司通常在信息不对称程度小的时候进行权益融资,他们认为,信息不对称程度(如交易量、买卖价差等)与权益发行密切相关,此后许多学者就这一问题进行了大量的研究。Harris 和 Raviv(1991)在讨论资本结构与信息不对称的重要发展时,指出这个问题的研究目前已经到了收益递减的阶段。然而,即便这样,关于这个问题的研究仍然在进行。Riley(2001)研究认为,资本结构的形成与信息不对称程度息息相关。信息不对称和逆向选择的普遍存在,增大了投资者的投资风险,因而投资者会要求更高的投资报酬率,由此导致的逆向选择溢价增加了公司的外部融资成本,使得公司的一些决策受到了影响,如融资结构的选择,即债务或权益融资的选择。

本书并不是直接从信息不对称的角度进行研究,而是从影响信息不对称的变量——分析师跟踪的角度来研究其对融资结构选择(即债务融资或权益融资)的影响。因此,研究有一定的创新性。

目前,关于分析师跟踪对公司融资决策行为的影响的研究文献较少。Lang 等(2004)研究认为,证券分析师对公司价值产生了正向的影响,即二者呈正相关关系。然而,该研究没有考虑证券分析师对管理动机及公司决策的影响,而是主要集中于信息生产上。本书除了考虑信息生产的作用之外,还分析了证券分析师对公司融资决策的影响。近年来国外关于这方面的研究,主要是 Chang 等(2006)、

Yu（2005），这些研究考虑了证券分析师对资本结构及盈余管理的影响。实际上，这些研究的主要理论依据是证券分析师可有效缓解公司的信息不对称。

国内鲜有文献研究分析师跟踪对于公司融资决策的重要性。在本书中，我们重点考察影响信息不对称的证券分析师是否在公司的外部融资决策中发挥了重要的作用，这对于理解资本市场的资源配置作用是极为重要的。本书在国外已有的成熟理论和相对较多的经验研究成果的基础上，结合我国的实际国情，研究信息不对称的影响因素——分析师跟踪对融资结构选择的影响，以期为我国企业的融资问题研究有所贡献。

6.1 理论分析与假设提出

Lys 和 Sohn（1990）、Womack（1996）研究发现，分析师研究报告的数量与股价的运动密切相关，即分析师研究报告具有一定的信息含量。小部分的股价变动与当前盈余有关（Lobo and Mahmoud，1989），更大部分的股价变动与未来盈余有关（Ayers and Freeman，2003）。Hong 等（2000）通过研究也发现，分析师跟踪人数越多的上市公司，其股价具有更高的信息含量，并且动能投资策略获利很低。在我国，朱红军等（2007）的研究也证实了这一点。朱红军从证券分析师与股价同步性、股价信息含量的关系入手，整体上考察了我国证券分析师对资本市场运行效率的影响。

我们通过实证检验得出，证券分析师在资本市场上充当了有效的信息传递者。他们通过将公开与私有信息以研究报告的形式传递到资本市场，从而使得公司股价波动中反映出更多的公司特质信息，由此降低了公司股价同步性，提高了公司资产定价效率，促进了资本市场资源配置效率。

Easley 等（1998）研究发现，被证券分析师吸引而来的非知情交易者越多，股票的流动性也就越大。资本市场参与交易的市场参与者往往都偏好那些信息含量高的公司股票，这主要是因为这些股票获取信息的成本较低，比较受投资者青睐，由此减少了投资者交易成本。对于那些信息含量低的公司股票，其股价中反映了较少的公司基本面信息，投资者要想获得公司层面的信息就必须花费较高的信息获取成本，由此造成了该类股票交易量减少。因此，要想提高股票流动性，我们可以影响其股价信息含量，进而传导至股票交易量（Brennan and Tamarowski，2000）。Irvine（2003）在研究证券分析师对公司价值的影响中，指出产生正面影响的主要原因是证券分析师提高了公司股票的流动性。在研究中，Irvine 用证券分析师首次跟踪数量进行了研究，证实了证券与股票流动性之间呈正相关关系。在我国，薛冠甲等（2008）通过实证检验也得出了相似的结论，即上市公司股票的流动性随着分析师跟踪人数的增加而得到改善，由此证实了证券分析师作为信息中介在促进股票市场信息共享方面的作用。

总而言之，分析师跟踪人数较多时，意味着股票流动性较高（Brennan and Tamarowski，2000），股票发行比债务融资更具有吸引力。此时，上市公司股权融资的成本较低（Bowen et al.，2004），上市公司通常会采用增发、配股等方式进行股权融资，从而降低公司的负债比率。而当流动性较低（分析师跟踪人数较少）时，股权融资成本相对较高，上市公司通常会采用债权融资的方式来获取其发展所需的外部资金。

Loughran 和 Schultz（2005）研究认为，公司的权益融资与存在于公司内部所有者及外部投资者之间的信息不对称程度有关。该研究将公司所处的地理位置作为衡量信息不对称的代理变量。众多的研究认为，相比偏远的公司而言，离公司更近的投资者能获得更多的信息。处于城郊的公司，其信息不对称程度更高。研究发现，处于城郊的公司等待上市的时间更长，并且极少进行再次融资。而且城郊的公司相对于市区的公司而言，其资本结构中权益融资较少，债务融资较多。

本书中，我们将分析师跟踪人数作为信息不对称的代理变量（Shores，1990；Brennan and Hughes，1991；Lang et al.，2003），主要原因是在西方文献的研究中，分析师跟踪人数作为改善公司信息环境的代理变量或者改善信息不对称程度的代理变量正在被广泛使用。例如，Bhushan（1989）研究指出，如果把分析师跟踪数量作为获取企业私有信息而耗费的总资源，那么分析师跟踪人数越多的企业，相应地就会有越多的私有信息传播给投资者。分析师跟踪人数越多的企业的信息不对称程度越低。

Chung 等（1995）研究发现，市场参与者和证券分析师之间是彼此互相影响、互相依赖的。具体地说，每一方都互相影响对方，双方互相影响的行为最终缓解了资本市场的信息不对称。在研究过程中，买卖价差对分析师跟踪有着显著的作用力。由此我们提出如下假设。

假设 6-1：分析师跟踪人数与公司的债务融资比率呈负相关关系，即公司的债务融资比率随着分析师跟踪人数的增加而减少，并且这种影响程度在小规模的公司要大于大规模的公司。

信息披露的数量和质量均影响公司的资本成本，如 Easley 和 O'Hara（2004）构建了一个理性预期模型。这个模型的特征是多资产、多不确定性、包含知情者和非知情者。在这个模型中，资本成本的大小依赖于公共信息与私有信息的分离度。市场参与者对于那些股价信息含量低的公司股票会要求更高的股票回报率。背后的原因是，市场参与者在交易过程中因为信息不对称会承受更高的交易风险，知情交易者能根据新信息对投资进行有利组合，从而非知情交易者会处于不利地位。在资产均衡定价中,信息数量与质量都会影响资本成本。通常状态下,信息披露的数量与质量均与资本成本呈负相关关系,即信息披露的数量越多,公司资本成本越低;信息披露质量越高,公司资本成本越低。

证券分析师充当资本市场信息中介的角色,大量文献认为证券分析师有动机收集私人信息,以便提供更准确的盈余预测。分析师跟踪人数越多的公司意味着公司的信息披露被更多地投入资本市场。但由于分析师预测行为受经济利益的干扰,其预测结果备受争议。为了更客观地衡量证券分析师的价值及影响,除了信息披露的数量之外(即分析师跟踪人数),本书用分析师意见分歧(或预测一致性)作为分析师跟踪质量的衡量手段。分析师意见分歧用许多证券分析师对同一家上市公司年度每股收益预测的标准差除以均值的绝对值表示(姜国华,2004)。在国外,Bhushan(1989)、Lang 和 Lundholm(1993)、Lang 和 Lundholm(1996)等研究发现,增加信息披露可以降低证券分析师对公司有关情况进行意见的不确定性,从而使公司获得更多证券分析师的关注,证券分析师之间的意见分歧也较小,相应地,公司的融资成本就较低。而 Gebhardt 和 Swaminathan(2001)研究认为,证券分析师预测不一致性表示了投资者面临的风险程度,证券分析师意见分歧越大,说明他们对公司未来的经营及财务状况越不确定,因此,预测难以达成一致。那些没有进行风险规避的投资者对这种类型的股票必然会要求一个风险补偿,其表现形式就是股票未来比较高的回报率保障,即公司的权益融资成本就比较高。

在我国这样一个新兴加转轨的资本市场中,市场化程度远不及成熟资本市场,分析师意见分歧的程度越大,就表示证券分析师预测一致性也越低,代表他们对公司未来的成长及财务发展状况越难准确预测,投资者就会要求一个更高的风险补偿,从而加重公司的权益融资成本。而相反地,分析师意见分歧的程度越小,即分析师预测一致性越高,也就意味着投资者可预测风险越低,因此,投资者要求的风险补偿也越低。由此我们提出下列假设。

假设 6-2:分析师意见分歧的程度越小,即分析师预测一致性越高,较权益发行概率而言,公司进行债务融资的可能性越少。反之,公司进行权益融资的可能性越大。

6.2 研究设计

6.2.1 样本选择与变量说明

本部分的样本筛选标准同前,这里不再赘述。为避免极端值的影响,本书对因变量极端值采用 Winsorize 处理方法，即对所有小于 1%分位数（大于 99%分位数）的数值，令其值分别等于 1%分位数（99%分位数）。最终，本书共得到 1 422 个观测值。变量说明见表 6-1。

表 6-1　变量说明（四）

变量	计算公式
Debtratio$_t$	当年债务融资率，其计算公式为：当年资产负债表中（短期借款、长期借款、应付债券账面价值的期末数−期初数）/年初的总资产账面价值
Equitratio$_t$	当年权益融资率，其计算公式为：SEO（配股+增发）/年初的总资产账面价值，其中 SEO 包括配股和增发股票
Nbranf$_{t-1}$	同一年跟踪同一上市公司的证券分析师的人数
Disper$_{t-1}$	代表分析师意见分歧，其值越大，分析师预测一致性越低，其计算公式为：年度每股收益预测标准差/每股收益预测均值
Profit$_{t-1}$	代表获利能力，用营业利润率表示，其计算公式为：营业利润/总资产账面价值
Growth$_{t-1}$	用主营业务收入增长率代表成长性
State$_{t-1}$	代表国有股比例
Div$_{t-1}$	代表股利分派率
Tang$_{t-1}$	代表有形资产比率，其计算公式为：（有形固定资产账面价值+存货账面价值）/总资产账面价值
Liab$_{t-1}$	代表年初资产负债率
Pe$_{t-1}$	代表年初市盈率
Size$_{t-1}$	资产的自然对数，代表公司规模
ε	代表扰动项

6.2.2　模型设计与变量描述

在研究过程中，考虑到解释变量（如分析师跟踪人数、获利能力等）和财务杠杆之间可能存在内生性问题，因此，为了减轻内生性的影响，我们将所有解释变量的取值都滞后一期（Helwege and Liang，1996），最后得到 1 422 个观察值。

$$\text{Debtratio} = \beta_0 + \beta_1 \text{Liab}_{t-1} + \beta_2 \text{Nbranf}_{t-1} + \beta_3 \text{Growth}_{t-1} + \beta_4 \text{Profit}_{t-1}$$
$$+ \beta_5 \text{Div}_{t-1} + \beta_6 \text{State}_{t-1} + \beta_7 \text{Tang}_{t-1} + \beta_8 \text{Pe}_{t-1} + \beta_9 \text{Size}_{t-1} + \varepsilon$$

描述性统计结果见表 6-2。

表 6-2　描述性统计结果（二）

变量	均值	标准差	最小值	最大值
Debtratio$_t$	0.096 8	0.171 5	0	1.970 0
Equitratio$_t$	0.023 0	0.095 8	0	0.982 0

续表

变量	均值	标准差	最小值	最大值
$Nbranf_{t-1}$	8.568 8	6.838 2	0	28.000 0
$Disper_{t-1}$	0.12	0.15	0	2.33
$Profit_{t-1}$	0.079 2	0.051 2	−0.000 7	0.304 0
$Growth_{t-1}$	0.241 1	0.233 7	−0.716 0	0.984 0
$State_{t-1}$	0.366 4	0.258 7	0	0.851 0
Div_{t-1}	0.453 4	0.455 2	0.012 3	4.980 0
$Tang_{t-1}$	0.507 5	0.168 6	0.057 5	0.949 0
Pe_{t-1}	30.53	25.70	4.40	195.44
$Liab_{t-1}$	0.47	0.17	0.03	0.84
$Size_{t-1}$	21.881 0	1.078 5	19.450 3	27.111 8

我们将整个样本按照资产的大小分组，分为小规模公司、中等规模公司、大规模公司三组，每一组再按照分析师跟踪人数分为分析师跟踪人数少、分析师跟踪人数多两组，计算每组的权益发行频率/债务发行频率。计算结果如图 6-1 所示。

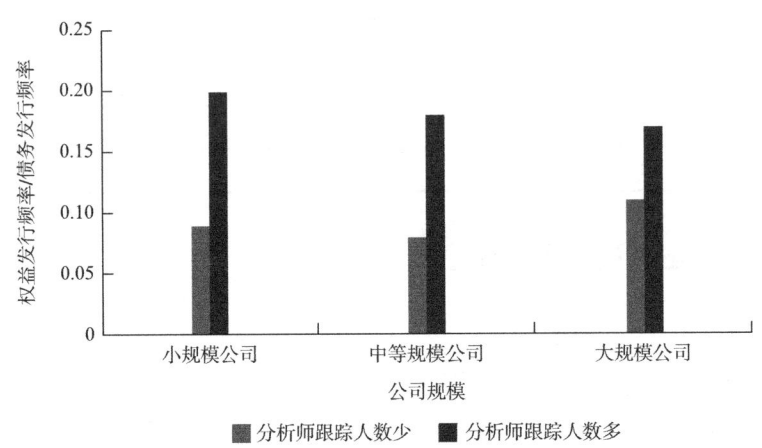

图 6-1 分组后权益发行频率/债务发行频率

由图 6-1 简单的描述统计结果可以看出，与分析师跟踪人数少的公司相比，分析师跟踪人数多的公司，其权益发行频率/债务发行频率的比值也高，并且这种差异视公司规模的不同而有所不同。较规模大的公司而言，这种差异在小规模的公司中更为突出，主要原因是分析师跟踪对小规模公司的信息不对称程度的影响要大于对大规模公司的影响，其对于大规模公司权益融资的影响要小于小规模公司权益融资的影响。

6.3 实证检验结果

6.3.1 用分析师跟踪人数进行回归

在表 6-3 全样本回归结果中,分析师跟踪人数与债务融资率呈显著的负相关关系(−0.002 3,t=−3.52),这说明证券分析师在信息生产之外,对公司的融资决策也产生一定的影响。证券分析师通过发布含有盈余预测及投资评级的研究报告,降低了公司管理层与外部投资者之间的信息不对称程度,提高了股票流动性,从而使得发行股票比债务融资更具有吸引力。由于公司的权益融资成本较低,上市公司通常会采用增发、配股等方式进行股权融资,从而降低公司的负债融资比率。当分析师跟踪人数较少时,股权融资成本相对较高,上市公司通常会采用债务融资的方式来获取发展所需的外部资金。在按照公司规模进一步的分组检验中,分析师跟踪人数对于债务融资率的影响仍显著为负向影响,只是这种影响程度视公司规模的不同而不同。分析师跟踪对小规模公司的影响(−0.003 1,t=−2.11)要显著大于对大规模公司的影响(−0.002 1,t=−3.34)。这一研究结论与 Bowen 等(2004)的研究结果是相似的,Bowen 等从公司再融资的角度,研究发现分析师跟踪人数越多的上市公司其增发、配股的抑价程度越低,即股权融资成本越低,并且由于大公司的信息不对称程度小于小公司,因此,分析师跟踪对于大公司 SEO 抑价的边际收益要小于小公司 SEO 抑价的边际收益。

表 6-3 回归结果分析

变量	因变量:债务融资率 OLS 回归模型			
	全样本	小规模公司	中等规模公司	大规模公司
Intercept	−0.184 8** (−2.15)	0.066 2* (1.63)	−0.077 9** (−2.07)	0.021 5 (0.47)
$Nbranf_{t-1}$	−0.002 3*** (−3.52)	−0.003 1*** (−2.11)	−0.002 8* (−1.77)	−0.002 1*** (−3.34)
$Growth_{t-1}$	−0.000 3*** (−8.65)	0.056 8*** (2.80)	−0.000 5*** (−6.87)	−0.030 5 (−0.89)
$State_{t-1}$	0.006 7 (0.46)	0.003 3 (0.13)	0.000 8 (0.03)	0.031 7 (1.18)
Div_{t-1}	0.010 8 (1.24)	0.005 0* (1.89)	0.025 9 (1.64)	0.007 4 (1.15)
$Profit_{t-1}$	0.348 0*** (3.51)	−0.158 7 (−0.80)	0.653 5*** (3.54)	0.156 8 (1.14)
$Tang_{t-1}$	0.076 8*** (3.28)	0.034 3 (0.77)	0.038 6 (0.69)	0.084 6** (2.21)

续表

变量	因变量：债务融资率			
	OLS 回归模型			
	全样本	小规模公司	中等规模公司	大规模公司
Pe_{t-1}	−0.000 1*** (−3.80)	−0.001 0*** (−2.59)	−0.000 7** (−2.02)	−0.000 8** (−1.99)
$Liab_{t-1}$	0.126 0*** (4.71)	0.090 1* (1.83)	0.297 9*** (5.17)	0.153 1 (3.03)
$Size_{t-1}$	0.007 7* (1.80)	—	—	—
R^2	0.075 0	0.071 6	0.078 9	0.075 9
F 检验	15.53***	5.00***	13.69***	4.28***
n	1 422	474	466	409

***、**、*分别表示 0.01、0.05、0.1 的显著性水平。

注：本书采用 Stata 10.0 进行回归，括号内的数字表示 t 值；删除 Debtratio<0 的异常值；为了尽可能消除内生性问题引起的结果不稳定，本书选取了滞后一期的分析师跟踪变量

对获利能力，Chen 和 Yuan（2004）研究指出，我国很多上市公司喜欢利用投资和其他偶然性收益对财务报告的利润进行盈余管理以便满足股份发行对获利能力的要求，因此，我们用营业利润和年初总资产账面价值的比值而不用净利润和年初总资产账面价值的比值来衡量获利能力。从表 6-3 我们可看到，公司的获利能力与债务融资率呈正相关关系（0.348 0，t =3.51），说明盈利水平较高的公司，其承担风险的水平较高，因而有较强的外部债务融资能力。公司的有形资产比率与债务融资率呈正相关关系（0.076 8，t =3.28），这与 Myers 和 Majluf（1984）的研究结论一致。Myers 和 Majluf 认为，企业举借有形财产担保的债务可以降低债权人由于信息劣势而可能出现的信用风险，因而可以降低其筹资成本。固定资产等有形资产通常被视为可抵押资产，因而与公司负债比率呈正相关关系。从表 6-3 我们可看到，公司规模与债务融资率呈正相关关系（0.007 7，t =1.80），这主要是由于大规模公司承担风险的能力强，与小规模公司相比，同等的负债水平所带来的破产风险较小，由此大规模公司会采取更高的负债。公司成长性变量、市盈率变量均与债务融资率呈负相关关系，且结果较稳定，至于其他控制变量，如国有股比例、股利分派率与债务融资率的相关关系并不显著。

6.3.2　用分析师意见分歧（或预测一致性）进行回归

在书中，我们将分析师跟踪人数与分析师预测一致性分开回归，主要是因为二者相互影响。有学者研究证实，证券分析师在调整预测时有从众心理，即跟踪同一家上市公司的证券分析师人数越多，越容易得出比较一致的预测意见，而该

预测意见可能比较接近公司的实际情况。

从表 6-4 回归结果中我们可以看出，分析师意见分歧与公司债务融资可能性呈正相关关系（1.461 8，t =1.74）。其值越大，即分析师预测一致性越小，表示公司进行债务融资的可能性就越大。原因是分析师预测一致性越小，对市场的影响力就越弱，无法吸引潜在的投资者，股票的流动性就越弱，公司进行股权再融资的机会就越小，进行债务融资的可能性就越大。这与前面的研究结论是一致的。

并且在按照下文分析师跟踪人数进行分组的回归中（表 6-4），分析师跟踪人数多的公司组，其分析师意见分歧对债务融资的影响要大于分析师跟踪人数少的公司组。

表 6-4 回归结果（二）

变量	因变量：Y（虚拟变量） Logit 回归模型		
	全样本	分析师跟踪人数多	分析师跟踪人数少
Intercept	−1.377 2 (−0.86)	−3.830 9* (−1.88)	0.937 9 (0.32)
$Disper_{t-1}$	1.461 8* (1.74)	2.889 1** (2.27)	0.405 0 (0.36)
$Growth_{t-1}$	−0.012 1*** (−3.05)	−0.044 1 (−0.20)	−0.012 9*** (−2.72)
$State_{t-1}$	0.018 0 (0.07)	−0.197 2 (−0.50)	0.090 4 (0.22)
Div_{t-1}	−0.124 2 (−1.63)	−0.444 5* (−1.98)	−0.052 3 (−0.93)
$Profit_{t-1}$	−2.229 5 (−1.41)	−2.533 7 (−1.17)	−1.172 8 (−0.40)
$Tang_{t-1}$	0.709 9** (1.75)	0.435 3*** (0.82)	1.098 1* (1.70)
Pe_{t-1}	−0.008 2** (−2.23)	−0.008 4* (−1.79)	−0.006 3* (−1.84)
$Liab_{t-1}$	0.331 7 (0.71)	−0.562 8 (−0.80)	1.469 9** (2.03)
$Size_{t-1}$	0.062 2 (0.81)	0.199 9** (2.15)	−0.080 (−0.57)
伪 R^2	0.019 4	0.023 7	0.032 7
Wald chi2（8）	30.89***	17.98**	22.95***
n	1 033	450	583

***、**、*分别表示 0.01、0.05、0.1 的显著性水平

注：当 Debtratio>1%时，令 Y=1（债务融资），当 Debtratio<1%时，令 Y=0（权益融资）；删除其中债务融资率与权益融资率同时大于1%或同时小于1%的情况；本书采用 Stata 10.0 进行回归；括号内的数字表示 t 值

6.3.3 分析师跟踪人数对权益融资的 Mlogit 回归分析

为了进一步观察分析师跟踪人数对权益融资的影响,我们建立了 Mlogit 回归模型。

在 Mlogit 回归中,我们将分析师跟踪人数以对数形式列示,即

$$Lanf = Log(1 + Nbranf)$$

具体模型如下:

$$M\log t(y) = Ln\left(\frac{\Pr[y=1]}{\Pr[y=2]}\right) = \beta_0 + \beta_1 Liab_{t-1} + \beta_2 Lanf_{t-1} + \beta_3 Profit_{t-1}$$
$$+ \beta_4 Growth_{t-1} + \beta_5 Div_{t-1} + \beta_6 State_{t-1} + \beta_7 Tang_{t-1} + \beta_8 Pe_{t-1}$$
$$+ \beta_9 Size_{t-1} + \varepsilon$$

$$M\log t(y) = Ln\left(\frac{\Pr[y=3]}{\Pr[y=2]}\right) = \beta_0 + \beta_1 Liab_{t-1} + \beta_2 Lanf_{t-1} + \beta_3 Profit_{t-1}$$
$$+ \beta_4 Growth_{t-1} + \beta_5 Div_{t-1} + \beta_6 State_{t-1} + \beta_7 Tang_{t-1} + \beta_8 Pe_{t-1}$$
$$+ \beta_9 Size_{t-1} + \varepsilon$$

其中,y=1 表示债务发行;y=2 表示大额权益发行;y=3 表示小额权益发行。

从表 6-5 第一个子回归结果我们可以看出,随着分析师跟踪人数的不断增加,相比大额权益融资的概率而言,公司进行债务融资的概率较低(-0.822 6,t=-2.37)。这与前面的研究结论基本一致,即随着分析师跟踪人数的不断增加,公司越来越受到市场的关注,在公司股权融资成本较低的情况下,公司发行权益融资比债务融资更具有吸引力。表 6-5 的第二个子回归结果进一步分析了证券分析师对股权再融资的影响,我们可以看到,随着分析师跟踪人数的不断增加,相比大额权益融资而言,公司发行小额权益融资概率更高(0.789 3,t=1.89),从而可以为公司提供一个持久的可持续融资能力。这一研究结论与 Dasgupta(2006)的研究结果相似,Dasgupta 通过研究得出,分析师跟踪人数较少的公司,相比债务融资而言,公司并不经常进行权益融资。但是一旦时机成熟,它们就会进行大额权益融资。同时,研究也证实了分析师跟踪人数较多的公司,其利用市场时机融资的可能性较小,相比发行大额权益融资,公司进行小额权益融资的概率较高,从而为公司可持续融资能力提供重要保障。

表 6-5 Mlogit 回归结果

变量	Mlogit 回归模型	
	Y=1	Y=3
Intercept	17.396 1[***] (3.10)	19.115 4[***] (2.58)

续表

变量	Mlogit 回归模型	
	$Y=1$	$Y=3$
$Liab_{t-1}$	−8.782 5*** (−4.25)	−3.860 7 (−1.48)
$Lanf_{t-1}$	−0.822 6** (−2.37)	0.789 3* (1.89)
$Profit_{t-1}$	1.673 8 (0.26)	−7.104 7 (−0.83)
$Growth_{t-1}$	−0.599 3** (−2.05)	−0.672 0 (−1.10)
$State_{t-1}$	0.979 1 (1.09)	2.708 3** (2.19)
Div_{t-1}	0.421 4 (0.47)	−0.405 4 (−0.35)
$Tang_{t-1}$	−0.048 4 (−0.03)	2.430 7 (1.32)
Pe_{t-1}	0.023 3 (1.12)	0.020 6 (0.94)
$Size_{t-1}$	−0.345 6 (−1.39)	−0.919 6*** (−2.66)
伪 R^2	0.206 6	
卡方检验	107.96***	
n	1 199	

***、**、*分别表示 0.01、0.05、0.1 的显著性水平

注：我们在 1 422 家公司样本的基础上，将同一年公司债务、权益都没有发行的或都发行的公司剔除，最后得到 1 199 家公司样本；当 Equitratio=0 时，令 $Y=1$（债务融资）；当 Equitratio 介于 0 与中位数之间时，令 $Y=3$（小额权益融资）并以此作为比较基础；当 Equitratio 大于中位数时，令 $Y=2$（大额权益融资）；本书采用 Stata 10.0 进行回归，括号内的数字表示 t 值

6.4 稳健性检验

为了保证研究结论的稳健性，本书更新了时间序列，再次验证上述结论的合理性。

6.4.1 样本选择与变量说明

本书以 2010~2015 年全部 A 股上市公司为研究对象，用 Stata 14.0 作为实证检验分析工具。本书的研究数据来自 Wind 金融数据库与 CSMAR 中国股票市场数

据库。为了保证研究结果的稳健性,我们从初选样本中剔除出现财务困境的公司样本;剔除当年 IPO 的公司样本;剔除发行 B 股或 H 股的公司样本;剔除金融行业公司样本;剔除在样本期间有重大并购行为的公司样本;剔除模型中变量数据缺失的公司样本。最终,本书共得到 7 387 个观测值。

6.4.2 模型设计与变量描述

由于考虑到分析师跟踪人数与债务融资率可能存在的内生性影响,我们将模型中所有自变量进行了滞后一期的处理,并对变量的极端值进行了 1% 的 Winsorize 缩尾检验。主要模型如下:

$$\text{Debtratio}_t = \beta_0 + \beta_1 \text{Liab}_{t-1} + \beta_2 \text{Nbranf}_{t-1} + \beta_3 \text{Growth}_{t-1} \\ + \beta_4 \text{Profit}_{t-1} + \beta_5 \text{State}_{t-1} + \beta_6 \text{Div}_{t-1} + \beta_7 \text{Tang}_{t-1} \\ + \beta_8 \text{Pe}_{t-1} + \beta_9 \text{Size}_{t-1} + \sum \text{Dum\_Year} \\ + \sum \text{Dum\_Industry} + \varepsilon \tag{1}$$

$$\text{Debtratio}_t = \beta_0 + \beta_1 \text{Liab}_{t-1} + \beta_2 \text{Disper}_{t-1} + \beta_3 \text{Growth}_{t-1} \\ + \beta_4 \text{Profit}_{t-1} + \beta_5 \text{State}_{t-1} + \beta_6 \text{Div}_{t-1} \\ + \beta_7 \text{Tang}_{t-1} + \beta_8 \text{Pe}_{t-1} + \beta_9 \text{Size}_{t-1} \\ + \sum \text{Dum\_Year} + \sum \text{Dum\_Industry} + \varepsilon \tag{2}$$

变量说明见表 6-6。

表 6-6 变量说明(五)

变量符号	变量名称	变量定义
Debtratio	债务融资率	债务融资率=(短期借款增加+一年内到期的长期借款增加+长期借款增加+应付债券增加+长期应付款增加)/期初总资产
Equitratio	权益融资率	权益融资率=(账面所有者权益增加-留存收益增加)/期初总资产
Nbranf	分析师跟踪人数	是同一年跟踪同一上市公司的证券分析师的人数,对其取自然对数,即 Ln(1+Analyst Following)
Disper	分析师意见分歧	其值越大,分析师预测一致性越低。分析师意见分歧=年度每股收益预测标准差/每股收益预测均值
Profit	营业利润率	代表获利能力,计算公式为:营业利润/总资产账面价值
Growth	主营业务收入增长率	代表成长性,计算公式为:(本年营业收入-上年营业收入)/上年营业收入
State	国有股比例	计算公式为:国有股股数/股本总数
Div	股利分派率	计算公式为:每股派息(税前)/净利润本期值
Tang	有形资产比率	计算公式为:(有形固定资产账面价值+存货账面价值)/总资产账面价值
Liab	资产负债率	年初负债总额/年初资产总额

续表

变量符号	变量名称	变量定义
Pe	市盈率	年初每股市价/年初每股收益
Size	公司规模	资产的自然对数
Industry	行业	虚拟变量,行业分类参照中国证券监督管理委员会在2012年制定的行业分类方法
ε	扰动项	代表扰动项

6.4.3 实证分析

1. 描述性统计

描述性统计见表6-7。

表 6-7 描述性统计

变量	n	均值	标准差	最小值	最大值
Debtratio$_t$	7 387	0.042 8	0.086 6	−0.086 0	0.258 6
Equitratio$_t$	7 387	0.049 4	0.102 0	−0.017 7	0.375 4
Nbranf$_{t-1}$	7 387	2.859 9	0.697 3	1.609 4	3.761 2
Disper$_{t-1}$	7 387	0.089 6	0.134 7	0	0.798 9
Profit$_{t-1}$	7 387	0.104 8	0.083 9	0.004 4	0.262 7
Growth$_{t-1}$	7 387	0.191 8	0.236 1	−0.146 4	0.635 3
State$_{t-1}$	7 387	0.041 5	0.093 7	0	0.289 5
Div$_{t-1}$	7 387	0.236 8	0.192 3	0	0.586 8
Tang$_{t-1}$	7 387	0.397 1	0.155 4	0.141 9	0.719 1
Pet$_{t-1}$	7 387	43.894 3	32.023 2	10.478 2	114.047 9
Liab$_{t-1}$	7 387	0.430 9	0.192 9	0.141 9	0.719 1
Size$_{t-1}$	7 387	21.984 1	0.886 2	20.700 1	23.517 0

2. 实证检验结果

1）用分析师跟踪人数进行回归

我们由表 6-8 OLS 回归结果分析可知,分析师跟踪人数越多的上市公司,其下一年进行债务融资的比率越低。主要原因是证券分析师通过专业的信息解读能力将上市公司各种复杂烦琐的信息向市场传递,通过提高股价信息含量,提高了公司的股票流动性，与融资成本较低的权益融资相比，公司进行债务融资的比率较低。而当分析师跟踪人数较少时，分析师跟踪的信息生产力不足，其对股票流动性的影响比较弱，与较高的权益融资成本相比，公司更愿意进行较高的债务融资。这与 Chang（2006）的研究结论一致，该研究认为，在分析师跟踪人数较少的公司里，与权益融资相比，公司更倾向于进行债务融资。另外，我们将样本按照公司规模进行分组，由回归结果分析得出，在大规模公司中，分析师跟踪与债务融资的负相关关系更加显著，可能是大规模公司中分析师跟踪人数更多，更多的信息被解读使得公司股价中包含了更多的公司特质信息含量，极大地提高了股票流动性，使得权益融资成本更具有吸引力，相比之下，公司进行债务融资的比率更低。关于分析师跟踪人数对权益融资的具体影响，在后文中会继续分析。

表 6-8　OLS 回归结果

变量	因变量：债务融资率		
	全样本	大规模公司	小规模公司
Nbranf	−0.023 5** （−2.83）	−0.037 0** （−2.77）	−0.022 4** （−3.17）
Profit	0.367 0*** （28.31）	0.202 0*** （8.87）	0.744 0*** （75.37）
Growth	0.000 1 （0.23）	0.000 2 （0.39）	0.003 0 （0.18）
State	0.000 8 （0.02）	0.021 1 （0.43）	0.056 7 （1.34）
Div	−0.002 5 （−0.31）	−0.000 2 （−0.02）	−0.009 3 （−0.94）
Tang	0.048 9 （1.19）	0.030 7 （0.59）	0.103*** （3.29）
Liab	−0.205*** （−5.53）	−0.041 8 （−0.75）	−0.276*** （−9.41）
Pe	0.000 2 （0.24）	0.001 0 （0.10）	0.005 0 （1.26）
Size	0.027 6*** （3.54）	0.001 0 （0.08）	0.046 2*** （4.48）
截距项	−0.539 0** （−3.21）	−0.146 0 （−0.56）	−0.881 0*** （−4.23）
Year	控制	控制	控制
Industry	控制	控制	控制
n	7 387	3 672	3 715
调整的 R^2	0.104 0	0.025 8	0.606 4
F 检验	96.290 0	10.790 0	636.730 0

***、**、*分别表示 0.01、0.05、0.1 的显著性水平

注：将公司规模按平均数分为两组，即大规模公司与小规模公司

2）增量回归

$$\Delta \text{Debtratio} = \beta_0 + \beta_1 \Delta \text{Liab} + \beta_2 \Delta \text{Nbranf} + \beta_3 \Delta \text{Growth} \\ + \beta_4 \Delta \text{Profit} + \beta_5 \Delta \text{State} + \beta_6 \Delta \text{Div} + \beta_7 \Delta \text{Tang} \\ + \beta_8 \Delta \text{Pe} + \beta_9 \Delta \text{Size} + \sum \text{Dum\_Year} \\ + \sum \text{Dum\_Industry} + \varepsilon \quad (3)$$

其中，

$\Delta \text{Nbranf} = ($本期分析师跟踪人数 − 上期分析师跟踪人数$) /$ 上期分析师跟踪人数

$\Delta \text{Size} = \text{Ln}($本期总资产 − 上期总资产$)$

如果 $($本期总资产 − 上期总资产$)$ 为负值，则

$\Delta \text{Size} = \text{Ln}(|$本期总资产 − 上期总资产$|)$

其他变量增加额=本期数−上期数。

从表6-9增量回归结果中我们可以看出，在控制了其他变量的变动之后，债务融资率随着分析师跟踪人数的增长比率而呈现负向变动。通过增量回归，本书再次证实水平回归，即模型1中分析师跟踪人数与公司债务融资之间呈现显著的负相关关系。

表6-9 增量回归结果

变量	OLS回归	分位数回归			
	全样本	25分位	50分位	75分位	90分位
Nbranf	−0.034*** (−5.06)	−0.010* (−1.93)	−0.010*** (−3.50)	−0.040*** (−3.66)	−0.118*** (−2.67)
Profit	−0.047*** (−2.89)	−0.001 (−1.230)	−0.0217** (−2.33)	−0.073*** (−5.00)	−0.145*** (−3.98)
Growth	−0.001 (−0.21)	−0.009* (−1.86)	−0.008*** (−2.63)	−0.004 (−1.23)	−0.001 (−0.13)
State	0.035* (1.76)	0.038* (1.91)	0.019** (2.32)	0.031 (1.41)	−0.015 (−0.43)
Div	0.001 (0.15)	0.001 (0.20)	0.001 (0.51)	−0.005 (−1.14)	−0.004 (−0.42)
Tang	−0.103*** (−4.70)	−0.183*** (−7.78)	−0.093*** (−5.53)	−0.036 (−1.28)	0.004 (0.10)
Liab	−0.714*** (−25.72)	−0.957*** (−26.29)	−0.611*** (−16.22)	−0.448*** (−11.33)	−0.317*** (−3.63)
Pe	−0.001 (−0.36)	−0.002* (−1.84)	0 (−0.51)	0.001 (0.16)	0 (−0.43)
Size	−0.002*** (−5.43)	0.001 (1.17)	−0.001*** (−2.97)	−0.001*** (−5.33)	−0.002*** (−6.82)
Year	控制	控制	控制	控制	控制
Industry	控制	控制	控制	控制	控制

因变量：债务融资率增加额

续表

变量	因变量：债务融资率增加额				
	OLS 回归	分位数回归			
	全样本	25 分位	50 分位	75 分位	90 分位
截距项	−0.002 (−0.15)	−0.075*** (−8.90)	−0.005 (−0.66)	0.067*** (8.81)	0.167*** (7.85)
n	7 063	7 063	7 063	7 063	7 063
R^2	0.132	0.128	0.059	0.052	0.049
F 检验	35.61***	—	—	—	—

***、**、*分别表示 0.01、0.05、0.1 的显著性水平
注：对样本进行分位数回归

分析师意见分歧回归除了研究分析师跟踪人数的变化对公司债务融资的影响之外，基于研究结果的稳健性，也为了更全面考虑分析师跟踪的属性，本书也利用分析师意见分歧考察其对债务融资的影响。

从表 6-10 回归结果来看，公司的债务融资随着分析师意见分歧的增大而增大，即二者呈正相关关系。也就是说，当分析师意见分歧越大时，意味着分析师预测一致性越小，投资者面临越大的投资风险，一方面无法吸引潜在的投资者，另一方面现有的投资者会要求更高的风险溢价成本，这势必影响公司的股票流动性，因而进行权益融资的可能性变小，相比之下，债务融资的可能性变大。将分析师跟踪人数按平均数进行分组，在分析师跟踪人数较少的一组，分析师意见分歧对债务融资的影响不显著，而在分析师跟踪人数较多的一组，分析师意见分歧与债务融资呈负相关关系。关于分析师跟踪与权益融资的具体分析在下文的模型中进行详细分析。

表 6-10　分析师意见分歧回归

变量	因变量：Y（虚拟变量）		
	Logit 回归模型		
	全样本	分析师跟踪人数多	分析师跟踪人数少
Disper	0.108** (2.03)	2.547*** (3.00)	1.374 (1.62)
Profit	−1.658*** (−3.41)	−1.829** (−2.21)	−2.435*** (−2.60)
Growth	0 (0.13)	−0.293 (−1.40)	−0.149 (−0.81)
State	−0.364 (−0.81)	−0.368 (−0.64)	−0.607 (−0.79)
Div	−0.228 (−1.59)	−0.270 (−0.73)	−0.515 (−1.26)
Tang	3.667*** (8.02)	3.289*** (5.56)	3.920*** (5.10)
Liab	3.445*** (7.32)	3.506*** (5.18)	2.687*** (3.53)

续表

变量	因变量：Y（虚拟变量）		
	Logit 回归模型		
	全样本	分析师跟踪人数多	分析师跟踪人数少
Pe	0 （1.48）	−0.001 （−0.36）	0.005** （2.45）
Size	0.086 （1.04）	−0.024 （−0.21）	0.794*** （4.42）
Year	控制	控制	控制
Industry	控制	控制	控制
截距项	−2.889 （−1.58）	−0.805 （−0.33）	−18.00*** （−4.42）
n	2 095	1 141	954
卡方检验	258.69***	258.57***	254.55***
伪 R^2	0.220	0.222	0.267

***、**、*分别表示 0.01、0.05、0.1 的显著性水平

注：将债务融资率设为虚拟变量，当 Debtratio>1%时，令 Y=1（债务融资）；当 Debtratio<1%时，令 Y=0。删除其中债务融资率与权益融资率同时大于 1%或同时小于 1%的情况

3）分析师跟踪对权益融资的 Mlogit 回归分析

上述模型主要分析了分析师跟踪对债务融资的影响，本部分重点探讨分析师跟踪对权益融资的具体影响。在全样本的基础上，我们剔除同一年公司债务融资、权益融资都没有发行的或都发行的公司样本，最后得到 2 171 家公司样本。当 Equitratio=0 时，令 Y=1（债务融资）；当 Equitratio 介于 0 与平均数之间时，令 Y=2（小额权益融资），并以此作为比较基础；当 Equitratio 大于平均数时，令 Y=3（大额权益融资）。

由此，我们建立如下 Mlogit 回归模型：

$$\text{Mlog}t(y) = \text{Ln}\left(\frac{\Pr[y=1]}{\Pr[y=2]}\right) = \beta_0 + \beta_1 \text{Liab}_{t-1} + \beta_2 \text{Nbranf}_{t-1}$$
$$+ \beta_3 \text{Growth}_{t-1} + \beta_4 \text{Profit}_{t-1} + \beta_5 \text{State}_{t-1} + \beta_6 \text{Div}_{t-1} \quad (4)$$
$$+ \beta_7 \text{Tang}_{t-1} + \beta_8 \text{Pe}_{t-1} + \beta_9 \text{Size}_{t-1} + \sum \text{Dum\_Year}$$
$$+ \sum \text{Dum\_Industry} + \varepsilon$$

$$\text{Mlog}t(y) = \text{Ln}\left(\frac{\Pr[y=3]}{\Pr[y=2]}\right) = \beta_0 + \beta_1 \text{Liab}_{t-1} + \beta_2 \text{Nbranf}_{t-1}$$
$$+ \beta_3 \text{Growth}_{t-1} + \beta_4 \text{Profit}_{t-1} + \beta_5 \text{State}_{t-1} + \beta_6 \text{Div}_{t-1} \quad (5)$$
$$+ \beta_7 \text{Tang}_{t-1} + \beta_8 \text{Pe}_{t-1} + \beta_9 \text{Size}_{t-1} + \sum \text{Dum\_Year}$$
$$+ \sum \text{Dum\_Industry} + \varepsilon$$

其中，y=1 表示债务融资；y=2 表示小额权益发行；y=3 表示大额权益发行。

由表 6-11 的模型 4 回归得知，当较多的分析师跟踪同一家上市公司时，以小额权益融资作为比较基础，公司在下一年度将有较小的可能性进行债务融资。由模型 5 回归得知，随着分析师跟踪人数的增多，与小额权益融资相比，公司下一年度将有较大的可能性进行大额权益融资。该结论与 Chang（2006）的研究结论相反。Chang 的研究得出，分析师跟踪人数较多的上市公司很少利用市场时机进行融资，相比大额权益融资，公司进行小额权益融资的概率较高。在模型 5 中，当分析师意见分歧越大时，相比小额权益融资，公司更愿意进行较多的债务融资；当分析师意见分歧越小时，与小额权益融资相比，公司更愿意进行较多的大额权益融资。

表 6-11　Mlogit 回归模型

变量	模型 4 Y=1	模型 4 Y=3	模型 5 Y=1	模型 5 Y=3
Nbranf	−0.379 0*** (−3.54)	0.157 0** (2.19)		
Disper			0.230 0* (1.78)	−0.129 0** (−2.28)
Profit	0.622 0 (0.84)	−0.094 5 (−0.19)	0.067 0*** (2.62)	−0.840 0** (−2.23)
Growth	0.016 2 (0.12)	−0.104 0 (−1.29)	0.002 0 (0.19)	0.004 0 (0.59)
State	0.284 0 (0.53)	−1.300 0*** (−3.24)	0.722 0 (1.32)	−0.825 0** (−2.01)
Div	−0.161 0 (−0.55)	−0.543 0** (−2.68)	−0.080 0 (−0.34)	−0.380 0** (−2.30)
Tang	2.516 0*** (4.79)	0.782 0** (2.41)	0.119 0*** (5.43)	0.980 0*** (2.87)
Liab	−1.675 0** (−3.20)	1.316 0*** (4.26)	0.573 0 (0.94)	2.640 0*** (7.15)
Pe	0.001 4 (1.40)	0.001 7** (2.50)	0.002 0* (1.70)	0.001 0 (0.29)
截距项	−1.839 0*** (−4.66)	−2.374 0*** (−8.68)	11.690 0*** (4.19)	6.327 0*** (4.35)
Year	控制	控制	控制	控制
Industry	控制	控制	控制	控制
n	2 171	2 171	2 171	2 171
卡方检验	130.49***		181.32***	
伪 R^2	0.395		0.104	

***、**、*分别表示 0.01、0.05、0.1 的显著性水平

注：括号内的数字表示 t 值

6.5 研究结论

我国资本市场的发展历程不及西方成熟资本市场，我国的证券分析师整体业务素质水平不及西方成熟资本市场的证券分析师，这与历史发展阶段不可分割，目前，证券分析师行业亟待进一步规范。当前很多研究证实了证券分析师对我国资本市场的发展发挥了正面作用，比较有代表性的是，朱红军等（2007）就证券分析师与股价信息含量的关系展开了研究，详细考察了我国证券分析师在资本市场中扮演的角色。实证研究得出，我国证券分析师能够通过发布研究报告促进股价信息含量的提高。具体的研究发现，公司股价中包含了公司基本面的信息，降低了噪声交易，由此提高了资本市场股票定价效率，增强了股票市场资源配置效率。但从信息有效性角度分析证券分析师对公司投融资决策的影响的研究尚需进一步探讨。

本书的研究主要是围绕证券分析师的市场功能展开的。

本书研究的目的是检验在我国新兴资本市场环境下，作为扮演信息中介这一重要角色的证券分析师如何影响公司的融资决策。本书中以 2005~2007 年深市、沪市 A 股上市公司为研究样本，采用 OLS 模型与 Mlogit 模型进行实证分析，在控制公司特征因素下，研究分析师跟踪人数对融资结构具体类型的影响。研究发现，分析师跟踪人数对于公司的权益融资具有显著影响，并且这种影响随着公司规模的不断增大而降低。另外，对于较大额权益发行而言，分析师跟踪人数越多，公司发行小额权益的概率越大。同时，本书的研究还发现，分析师意见分歧与公司债务融资可能性呈正相关关系，其值越大，即分析师预测一致性越小，公司进行债务融资的可能性就越大。在按照分析师跟踪人数进行分组的回归中，分析师跟踪人数多的公司组，其分析师意见分歧对债务融资的影响要大于分析师跟踪人数少的公司组。

目前关于分析师跟踪对公司决策行为的研究文献较少。本书为现有研究我国上市公司融资结构影响因素的文献，提供了证券分析师（或者资本市场信息中介）视角的经验证据，同时也为企业融资理论研究开辟了新的研究方向。

证券分析师作为上市公司投资者关系管理的一个重要组成部分，我们研究其对上市公司融资决策的影响具有重要的现实意义。一旦上市公司管理层意识到分析师跟踪的重要市场功能，则公司的再融资能力就会进一步加强。这一点西方文献已有记载，如 Cook 等（2001）研究发现，即将进行再融资的上市公司会要求其承销商积极引导提高分析师跟踪水平。股票发行一方在卖方证券分析师跟踪上投入巨大财力恰恰暗示了分析师跟踪人数与较低的权益筹资成本有关。由于证券分析师的行为总是受到特定的市场环境及相关的制度体系的影响，西方的研究成果需要在新兴的资本市场环境中进一步检验。本书的研究提供了来自我国的证据，证实了在我国这样的新兴资本市场环境中，证券分析师对公司融资存在显著的影响，这对上市公司进行再融资有着积极的指导作用。

第7章 研究结论与启示

7.1 研究结论

（1）分析师跟踪一方面通过及时地向市场投放大量的公司信息，加快信息的流动速度（信息及时性）和增加信息的供应量（信息充分性），提高公司的股价信息含量，从而提高证券市场的有效性。另一方面，证券分析师也可能是信息噪声的产生源，由此降低资本市场的有效性。因此，证券分析师既有可能是"有效"的信息供给者，也有可能是"无效"的信息供给者。本书第4章尝试从信息供给效率的角度来探讨我国证券分析师的存在是否有利于增进证券市场的有效性，结果表明，证券分析师的跟踪使得更多的公司特质信息被包含在股价中，因而提高了公司股价信息效率。同时，本书也发现分析师跟踪能有效抑制公司未来的股价暴跌现象。

（2）随着我国证券市场的不断发展，上市公司的数量逐年增加。如何在残酷竞争的资本市场上获得有规律、可持续的融资能力，是每个上市公司必须面对的问题。在第5章进一步的研究中我们发现，分析师跟踪能有效缓解公司的融资约束状况。本书的研究结论对于引导公司管理层加强与证券分析师的有效沟通非常有指导意义。若分析师跟踪能够产生积极的经济后果，则公司管理层可通过引导分析师跟踪，增强公司有规律、可持续的融资能力，从而缓解公司面临的融资约束，提高公司的投资效率。

（3）本书第6章研究在我国新兴资本市场环境下，作为扮演信息中介这一重要角色的证券分析师具体如何影响公司的融资决策。研究发现，分析师跟踪对于公司的权益融资具有显著影响，并且这种影响随着公司规模的不断增大而降低。另外，较大额权益融资而言，分析师跟踪人数越多，公司发行小额权益的概率越大。分析师意见分歧度与公司债务融资可能性呈正相关关系，其值越大，分析师预测一致性越小，公司进行债务融资的可能性就越大。

7.2 研究启示

7.2.1 本书为积极引导分析师关注提供了经验证据

投资者关系管理是指企业（主要是指上市公司）运用财务金融和市场营销的原理，与其投资者或潜在投资者加强信息沟通和协调，当然也包括与资本市场各类中介机构，如证券分析师之间的沟通。通过企业与投资者双向的沟通交流，加强投资者关系维护，一方面，可以减少投资者获取信息的成本，使其理性投资，另一方面，可以提高资产定价效率，使得企业价值最大化。

从投资者关系管理的定义中我们可以看出，与证券分析师的沟通和协调也是投资者关系管理的重要组成部分。目前，我国上海、深圳两大证券交易所大力提倡上市公司应加强投资者关系管理的政策制定。我国机构投资者、个人投资者投资队伍日益壮大，更加需要投资者保持理性投资需求的理念，因此也产生了投资者日益增加的多样化信息需求。

上市公司要想提高投资者对公司的满意度，就必须加强与投资者的有效沟通，在沟通过程中，证券分析师的作用不容忽视。证券分析师是投资者与上市公司之间沟通的信息桥梁，他们通过专业的信息解读能力，努力提高投资者投资的自信心，通过吸引一批忠诚投资群体进而吸引潜在投资者成为忠诚投资者，由此增强证券公司在资本市场的投资及融资效率。

本书的研究也证实了这一点。因此，积极引导分析师关注，加强投资者关系管理将为公司再融资形成稳固良好的投资者关系，另外也使上市公司具备了低成本持续融资的能力。

7.2.2 为了提高证券分析师信息供给效率，必须进一步强化信息披露

证券市场有效性问题指的是信息对证券价格的影响问题，资本市场效率指的是资本市场资金得到合理配置。经济学家通常根据资本市场交易营运能力与资金配置功能将证券市场效率划分为内在效率与外在效率两方面。外在效率有效性是就资本市场资金配置功能高低来说的，它主要强调的是信息的充分性、可得性与及时性。当证券市场信息能够被及时、充分并且均匀地披露给投资者，不同的投资者在同一时间能够获取相同质量与数量的信息，股价能根据公司信息及时进行调整，并引导资金流向本应配给的上市公司，那么这说明该证券市场外在效率是有效的。内在效率有效性是就资本市场交易营运能力而言的。资本市场内在高效

的组织与服务功能使得市场参与者能够以最快的速度及最低的成本完成双方交易。换句话说，市场交易双方在最低的交易成本下尽可能快地完成有利于自身价值最大化的交易。

本书的研究得出，证券分析师担当起提高证券市场效率，包括外在效率和内在效率的重任。证券分析师想要承担实现证券市场效率化及提高股票流动性的重任，就要承担信息有效传递及实现证券资产有效定价功能。若证券分析师对某一公司的信息搜寻及加工成本越小，则他们纠正价格偏移的能力也就越强，同时该上市公司的分析师跟踪人数也就越多。证券监管部门应努力降低搜集、分析和定价信息的成本，作为资本市场政策制定者，努力规范上市公司信息披露制度，力所能及地提高信息披露质量，如可靠性、准确性、及时性及谨慎性等，可有效降低证券分析师的信息获得成本。

7.2.3　分析师跟踪减少了公司及投资者的风险

对公司而言，引导分析师跟踪能够提高公司的预测能力，减少经营风险。对个体投资者及投资组合经理而言，选择分析师跟踪的股票能够帮助其减少投资组合未来收益的不确定性，由此避免未来经济损失。

7.3　研究创新与贡献

与前人研究比较，本书的主要创新与贡献主要表现在两方面，一方面是研究方法的创新，另一方面是研究内容的创新。在研究方法上，本书主要采用2SLS回归、Mlogit 回归、分位数回归、面板数据固定效应回归等多种统计分析方法，在研究中使用 Stata 10.0 统计软件。

（1）目前，国内关于分析师盈余预测和荐股的价值研究、我国证券分析师的信息来源和分析能力研究及分析师的利益冲突研究较多。学者很少甚至极少关注分析师跟踪或者分析师关注的经济后果。

与当前大多数学者研究角度不同的是，本书在我国转型经济的特殊国情背景下，从资本市场信息有效性和资源配置效率的角度研究分析师跟踪的市场功能。现有的关于分析师跟踪的研究仅从单一的角度进行论证，本书不仅从资本市场信息有效性的角度进行论证，还研究分析师跟踪对资产定价的影响，以及对公司融资结构的影响。因而，本书的研究更系统、更全面。

（2）国内现有文献大多是从公司财务特征因素的角度研究其对资本结构的影

响，如公司盈利能力、公司规模、公司的成长性及资产结构等。鲜有文献研究公司的外部因素如何影响融资结构具体类型（债务融资率的高与低、权益融资额大小等）。

本书研究在我国新兴资本市场环境下，作为扮演信息中介这一重要角色的证券分析师是否影响了公司的融资决策。可以说，本书从资本市场微观主体——证券分析师的市场功能这一全新的视角着手，进一步丰富了公司融资理论的研究文献。

（3）国外对股价暴跌现象的研究兴起于 20 世纪七八十年代，经过长时期的发展，有关暴跌现象微观机理的理论和实证研究已经取得很大的进展。在我国，关于股价暴跌的现象异常严重，除了制度本身的原因之外，市场微观结构的影响也会造成股价暴跌现象[①]。并且，相关学者就股价暴跌现象大都运用规范研究的方法进行研究。本书运用档案研究方法分析证券分析师这一信息中介是否在抑制股价暴跌中发挥了重要作用，这无疑补充了现有的研究成果。

（4）分析师跟踪、分析师预测准确性及分析师预测一致性是分析师预测属性的三个重要组成部分。国外关于分析师预测属性的研究无论是规范研究还是实证研究均较多，而国内集中研究分析师预测属性的文献寥寥可数，并且现有的文献仅从规范研究的角度做出简单阐述。本书除了重点研究分析师跟踪的影响外，还研究分析师预测准确性及分析师预测一致性的影响。因此，本书的研究在现有文献的基础上又增添了一份可供参考的资料。

7.4 研究局限

作为一项探索性的研究，同时限于笔者认知能力的有限性及数据的不可获得性，本书在以下方面存在不同程度的局限。

（1）现有的数据库中关于我国证券分析师跟踪的数据主要是从 2004 年开始搜集汇总的，研究区间较短，仅有 2004~2007 年。尤其是在本期的第 4 章的实证检验中，关于分析师跟踪与股价同步性的研究，更是因为较短的研究区间而使结果受到了影响。另外，在本书的研究中，由于没有得到证券分析师隶属关系的数据，即证券分析师是承销商分析师或非承销商分析师，抑或是独立分析师还是非独立分析师，因此，本书无法展开进一步的研究。所有这些影响都会随着证券分

---

① 较有代表性的是陈国进和张贻军（2009）的研究。其在我国股市限制卖空的制度背景下，以 Hong 和 Stein（2003）的异质信念模型为基础，运用固定效应条件 Logit 模型检验了异质信念与我国股市个股暴跌之间的关系。研究发现，我国投资者的异质信念程度越大，市场个股发生暴跌的可能性越大。因此，采取各项措施降低投资者的异质信念，及时推出融资融券和股指期货等双向交易手段有利于降低我国股市发生暴跌的概率。

析师行业的不断发展而得到进一步修正。

（2）在第 5 章的实证检验中，由于融资约束指标的界定是该领域研究的一大难题，本书采用 Gugler（2003）的先验观点来界定不同产权性质的企业，其投资现金流敏感性属于融资约束抑或是过度投资有可能会影响结果的稳健性。因此，在后续研究中，笔者会在这一方面进一步修正，力图得到稳定的结果。

（3）本书在研究中重点关注了分析师跟踪这个变量，分析师预测一致性与分析师预测准确性这两个变量仅被作为辅助性解释变量进行研究。由于三个变量同属于分析师预测属性变量，若能构建一个统一指标，则本书的研究无论从跟踪数量上，还是从跟踪质量上更能说明证券分析师存在的意义与价值。在后续研究中，笔者会不断朝着这个方向努力，力图使研究结论更具有实际指导意义。

7.5 研究展望

在未来的拓展研究中，笔者将致力于以下几个方面的研究。

（1）证券分析师的独立性会影响其市场功能的发挥，国外大量的研究证实证券分析师因为丧失独立性而面临着利益冲突，因此，在今后的研究中就本书中的问题，笔者会按照证券分析师的隶属关系做进一步探讨，即讨论承销商分析师与非承销商分析师在影响的方式、行为后果方面是否存在差异。

（2）本书重点关注了分析师跟踪作为信息中介角色的市场功能研究，而对于证券分析师作为有效监管者的功能并未深入讨论。在下一步研究中，笔者会将更多的精力投入这个问题的研究中，即研究分析师跟踪能否充当有效监管者，来降低代理成本，抑制公司面临的代理冲突等公司治理问题。若不能有效担当监管角色，那么笔者后续会结合我国特殊的国情及制度背景做进一步探讨。

（3）本书采用的分析师跟踪数量指的是同一年跟踪同一家上市公司的人数，在研究中并未区分是否分析师首次跟踪。而国外关于分析师首次跟踪进行了较多的研究，随着证券分析师行业的不断发展，今后笔者将会对分析师首次跟踪的行为后果进行研究，相信会有意外的发现。

（4）本书重点考虑分析师跟踪与资产定价（公司融资）的研究，即着重进行分析师跟踪的行为后果研究。笔者并没有进行分析师跟踪的动机研究。在拓展研究中，这方面的研究也会是笔者今后不断努力的方向。

参 考 文 献

陈国进, 张贻军. 2009. 异质信念、卖空限制与我国股市的暴跌现象研究[J]. 金融研究, (4): 80-91.
陈梦根, 毛小元. 2007. 股价信息含量与市场交易活跃程度[J]. 金融研究, (3): 125-139.
陈晓, 陈小悦, 刘钊. 1999. A 股盈余报告有用性研究: 来自上海、深圳股市的实证证据[J]. 经济研究, (6): 21-28.
樊纲, 王小鲁, 朱恒鹏. 2007. 中国市场化指数: 各地区市场化相对进程 2006 年报告[M]. 北京: 经济科学出版社.
冯巍. 1999. 内部现金流量和企业投资[J]. 经济科学, 21 (1): 51-57.
冯玉梅. 2006. 基于市场微观结构视角的我国上市公司融资行为研究[D]. 天津大学博士学位论文.
顾娟, 刘建洲. 2004. 信息不对称与股票价格变动——我国证券市场信息传导机制的经济学分析[J]. 经济研究, (2): 106-114.
顾乃康, 张超, 孙进军. 2007. 影响资本结构决定的核心变量识别研究[J]. 当代财经, (11): 41-48.
何金耿, 丁加华. 2001. 上市公司投资决策行为的实证分析[J]. 证券市场导报, (9): 44-47.
何玉, 张天西. 2006. 信息披露、信息不对称和资本成本: 研究综述[J]. 会计研究, (6): 80-85.
胡奕明, 林文雄, 王玮璐. 2003. 证券分析师的信息来源、关注域与分析工具[J]. 金融研究, (12): 52-63.
江伟, 李斌. 2006. 制度环境、国有产权与银行差别贷款[J]. 金融研究, (11): 119-129.
姜付秀, 石贝贝, 马云飙. 2016. 董秘财务经历与盈余信息含量[J]. 管理世界, (9): 161-173.
姜国华. 2004. 关于证券分析师对中国上市公司会计收益预测的实证研究[J]. 经济科学, 26 (6): 72-79.
蒋义宏, 童驯, 杨霞. 2003. 业绩预警公告信息含量[J]. 中国会计与财务研究, (4): 145-183.
孔东民, 申睿. 2007. 信息环境、R^2 与过度自信: 基于资产定价效率的检验[J]. 南方经济, (6): 3-21.
雷东辉, 王宏. 2005. 信息不对称与权益资本成本[J]. 会计之友, (7): 70-71.
李颖, 伊志宏, 田祥宇. 2017. 分析师提前释放信息与股票流动性: 基于融资买入的证据[J]. 宏观经济研究, (7): 81-94.
李增泉. 2005. 所有权结构与股票价格的同步性——来自中国股票市场的证据[J]. 中国会计与财务研究, (3): 57-100.
连玉君, 程建. 2006. 不同成长机会下资本结构与经营绩效之关系研究[J]. 当代经济科学, 28 (2): 97-103.
梁玉梅, 李红刚. 2006. 信息不对称框架下资产均衡定价模型分析[J]. 北京师范大学学报 (自然科学版), (4): 437-440.

林毅夫，李志. 2004. 政策性负担、道德风险与预算软约束[J]. 经济研究，（2）：17-27.
陆正飞，辛宇. 1998. 上市公司资本结构主要影响因素之实证研究[J]. 会计研究，（8）：36-39.
陆正飞，叶康涛. 2004. 中国上市公司股权融资偏好解析——偏好股权融资就是缘于融资成本低吗？[J]. 经济研究，（4）：50-59.
罗琦，许俏晖. 2007. 大股东控制影响公司现金持有量的实证分析[J]. 统计研究，26（11）：93-99.
罗琦，肖文翀，夏新平. 2007. 融资约束抑或过度投资——中国上市企业投资—现金流敏感度的经验证据[J]. 中国工业经济（9）：103-110.
马君潞，李泽广，王群勇. 2008. 金融约束、代理成本假说与企业投资行为——来自中国上市公司的经验证据[J]. 南开经济研究，（1）：3-18.
米建华. 2008. 基于信息披露的股票市场资本配置效率研究[D]. 上海交通大学博士学位论文.
奈特 F H. 2005. 风险不确定性和利润[M]. 王宇，等译. 北京：中国人民大学出版社.
齐伟山，欧阳令南. 2005. 会计信息披露质量与会计信息价值相关性分析——来自深圳证券市场的经验证据[J]. 商业经济与管理，（6）：70-75.
饶育蕾，汪玉英. 2006. 中国上市公司大股东对投资影响的实证研究[J]. 南开管理评论，9（5）：67-73.
沈艺峰，肖珉，黄娟娟. 2005. 中小投资者法律保护与公司权益资本成本[J]. 经济研究，（6）：115-124.
孙铮，刘凤委，李增泉. 2005. 市场化程度、政府干预与企业债务期限结构——来自我国上市公司的经验证据[J]. 经济研究，（5）：52-63.
唐俊，宋逢明. 2002. 证券咨询机构选股建议的预测能力分析[J]. 财经论丛，（1）：44-49.
滕泰，王国平，刘哲. 2008. 暴跌暴涨模型 vs 正确的投资理念[R]. 中国银河证券研究所.
童驯. 2002. 上市公司年报业绩预告的股价反应研究[R]. 深圳证券交易所.
汪炜，蒋高峰. 2004. 信息披露、透明度与资本成本[J]. 经济研究，（7）：107-114.
王宇熹，肖峻，陈伟忠. 2006. 我国证券分析师推荐报告投资价值实证研究——以上海申银万国证券研究所为例[J]. 中国矿业大学学报，（2）：214-219.
王跃堂，倪慧萍. 2001. 资本市场信息沟通面临的挑战与应对策略——西方会计信息理论评述及其对我国的启示[J]. 外国经济与管理，（6）：44-49.
王跃堂，孙铮，陈土敏. 2001. 会计改革与会计信息质量——来自中国证券市场的经验证据[J]. 会计研究，（7）：540-547.
王征，张峥，刘力. 2006. 分析师的建议是否有投资价值——来自中国市场的经验数据[J]. 财经问题研究，（7）：36-44.
魏锋，刘星. 2004. 融资约束、不确定性对公司投资行为的影响[J]. 经济科学，26（2）：35-43.
吴东辉，薛祖云. 2005. 对中国 A 股市场上财务分析师盈余预测的实证分析[J]. 中国会计与财务研究，（1）：1-53.
夏立军，方轶强. 2005. 政府控制、治理环境与公司价值[J]. 经济研究，2005（5）：40-51.
肖峻，王宇熹. 2006. 我国证券分析师推荐评级调整价值的经验研究[J]. 统计与决策，（6）：106-109.
徐惠玲，刘军霞. 2007. 企业资本性支出实证模型选择及检验[J]. 中国会计评论，（3）：315-326.
薛冠甲，李心丹，肖斌卿. 2008. 分析师跟进、信息与流动性——来自中国上市公司的实证发现[J]. 金融纵横，（5）：47-52.
薛祖云，吴东辉. 2004. 信息过载是否影响投资者对公开信息的使用——来自季度盈余的实证证据[J]. 会计研究，（6）：57-65.

杨华慰. 2008. 股价波动与股价信息含量关系研究综述[J]. 价格月刊, (7): 12-14.
杨兴君, 宗长玉, 江艺. 2003. 民营企业控制多家上市公司实证研究[R]. 深圳证券交易所.
杨之曙, 彭倩. 2004. 中国上市公司收益透明度实证研究[J]. 会计研究, (11): 62-70.
游家兴, 张俊生, 江伟. 2006. 制度建设、公司特质信息与股价波动的同步性——基于 R^2 研究的视角[J]. 经济学 (季刊), 6 (1): 189-206.
游家兴, 江伟, 李斌. 2007. 中国上市公司透明度与股价波动同步性的实证分析[J]. 管理学季刊, 2 (1): 147-164.
于李胜, 王艳艳. 2007. 信息风险与市场定价[J]. 管理世界, (2): 76-85.
曾康霖. 1993. 怎样看待直接融资与间接融资[J]. 金融研究, (10): 7-11.
曾颖, 陆正飞. 2006. 信息披露质量与股权融资成本[J]. 经济研究, (2): 69-79.
张纯, 吕伟. 2007. 信息披露、市场关注与融资约束[J]. 会计研究, (11): 32-38.
张良悦, 刘东. 2006. 股权分置改革的一个经济学解释[J]. 经济体制改革, (3): 5-9.
张然, 汪荣飞, 王胜华. 2017. 分析师修正信息、基本面分析与未来股票收益[J]. 金融研究, (7): 156-174.
张峥, 孟晓静, 刘力. 2004. A 股上市公司的综合资本成本与投资回报——从内部报酬率的视角观察[J]. 经济研究, (8): 74-84.
张中华, 王治. 2006. 内部现金流与中国上市公司投资行为: 一个综合分析框架[J]. 当代经济科学, 28 (6): 58-65.
张宗新, 杨万成. 2016. 声誉模式抑或信息模式: 中国证券分析师如何影响市场? [J]. 经济研究, (9): 104-117.
赵宇龙. 1998. 会计盈余披露的信息含量: 来自上海股市的经验证据[J]. 经济研究, (7): 41-49.
郑江淮, 何旭强, 王华. 2001. 上市公司投资的融资约束: 从股权结构角度的实证分析[J]. 金融研究, (11): 92-99.
朱红军. 2006. 金融发展、预算软约束与企业投资[C]. 中国会计学会财务成本分会 2006 年年会暨第 19 次理论研讨会, 青岛.
朱红军, 何俊杰, 陈信元. 2006. 金融发展、预算软约束与企业投资[J]. 会计研究, (10): 64-71.
朱红军, 何贤杰, 陶林. 2007. 中国的证券分析师能够提高资本市场的效率吗——基于股价同步性和股价信息含量的经验证据[J]. 金融研究, (2A): 110-121.
Abel A B. 1990. Asset prices under habit formation and catching up with the joneses[J]. American Economic Review, 80 (2): 38-42.
Abel A B, Blanchard O J. 1986. The present value of profits and cyclical movements in investment. econometrica[J]. Peer Reviewed Journal, 54 (2): 249-273.
Acharya V, Pedersen L H. 2005. Asset pricing with liquidity risk[J]. Journal of Financial Economics, 77 (2): 375-410.
Admati A R. 1985. A noisy rational expectations equilibrium for multi-asset securities markets[J]. Econometrica, 53 (3): 629-657.
Aggarwal R, Zong S J. 2006. The cash flow-investment relationship: international evidence of limited access to external finance[J]. Journal of Multinational Financial Management, 16 (1): 89-104.
Akerlof, George A. 1970. The market for "lemons": quality uncertainty and the market mechanism[J]. The Quarterly Journal of Economics, 84 (3): 488-500.
Alford A W, Berger P G. 1999. A simultaneous equations analysis of forecast accuracy, analyst follwing, and trading volume[J]. Journal of Accounting, Auditing and Finance, 14 (3): 219-240.

Allayannis G, Mozumdar A. 2004. The impact of negative cash flow and influential observations on investment–cash flow sensitivity estimates[J]. Journal of Banking and Finance, 28（5）: 901-930.

Almeida H, Campello M, Weisbach M S. 2010. The cash flow sensitivity of cash[J]. The Journal of Finance, 59（4）: 1777-1804.

Amihud Y, Mendelson H. 1986. Asset pricing and the bid-ask spread[J]. Journal of Financial Economics, 17（2）: 223-249.

Amihud Y, Mendelson H. 1988. Liquidity and asset prices: financial management implications[J]. Financial Management, 17（1）: 5-15.

Amihud Y, Mendelson H. 1989. The effects of beta, bid-ask spread, residual risk, and size on stock returns[J]. The Journal of Finance, 44（2）: 479-486.

Amihud Y, Mendelson H. 2000. The liquidity route to a lower cost of capital[J]. Journal of Applied Corporate Finance, 12（4）: 8-25.

Ascioglu A, Hegde S P, Mcdermott J B M. 2008. Information asymmetry and investment-cash flow sensitivity[J]. Journal of Banking and Finance, 32（6）: 1036-1048.

Ashbaugh H, Pincus M. 2001. Domestic accounting standards, international accounting standards, and the predictability of earnings[J]. Journal of Accounting Research, 39（3）: 417-434.

Atiase R K, Bamber L S. 1994. Trading volume reactions to annual accounting earnings announcements: the incremental role of predisclosure information asymmetry[J]. Journal of Accounting and Economics, 17（3）: 309-329.

Ayers B C, Freeman R N. 2003. Evidence that analyst following and institutional ownership accelerate the pricing of future earnings[J]. Review of Accounting Studies, 8（1）: 47-67.

Bagehot W. 1971. The only game in town[J]. Finnancial Analysts Journal, 27（2）: 12-14.

Bali T G, Cakici N, Yan X, et al. 2005. Does idiosyncratic risk really matter?[J]. The Journal of Finance, 60（2）: 905-929.

Barlevy G, Veronesi P. 2003. Rational panics and stock market crashes[J]. Journal of Economic Theory, 110（2）: 234-263.

Barry C B, Brown S J. 1985. Differential information and security market equilibrium[J]. Journal of Financial and Quantitative Analysis, 20（4）: 407-422.

Barth M E, Hutton A P. 2000. Information intermediaries and the pricing of accruals[R]. Stanford University Working Paper.

Beaver W H. 2002. Perspectives on recent capital market research[J]. The Accounting Review, 77（2）: 453-474.

Benito A. 2005. Financial pressure monetary, policy effects and inventories: firm-level evidence from a market-based and a bank-based financial system[J]. Economica, 72（286）: 201-224.

Berger P, Ofek E. 1995. Diversification's effect on firm value[J]. Journal of Financial Economics, （37）: 39-65.

Berry T K, Bizjak J M, Lemmon M L, et al. 2006. Organizational complexity and CEO labor markets: evidence from diversified firms[J]. Journal of Corporate Finance, 12（4）: 797-817.

Bhattacharya U, Daouk H, Welker M. 2003. The world price of earnings opacity[J]. Accounting Review, 78（3）: 641-678.

Bhushan R. 1989. Firm characteristics and analyst following[J]. Journal of Accounting and Economics, 11（2）: 255-274.

Bloomfield R J. 2002. The incomplete revelation hypothesis and financial reporting[J]. Accounting Horizons, 16（3）: 985-988.

Bond S, Harhof D, Reenen J V. 2005. Investment, R&D and financial constraints in Britain and Germany[J]. Annales Déconomie Et De Statistique,（79~80）: 433-460.

Bond S, Meghir C. 1994. Dynamic investment models and the firm's financial policy[J]. Review of Economic Studies, 61（2）: 197-222.

Botosan C A. 1997. Disclosure level and the cost of equity capital[J]. The Accounting Review, 72(3): 323-349.

Botosan C A, Plumlee M A. 2005. Assessing alternative proxies for the expected risk premium[J]. Accounting Review, 80（1）: 21-53.

Bowen R M, Chen X, Cheng Q. 2004. Analyst coverage and the cost of raising equity capital: evidence from underpricing of seasoned equity offerings[J]. Contemporary Accounting Research 25（3）: 657-700.

Brennan M J, Hughes P J. 1991. Stock prices and the supply of information[J]. The Journal of Finance, 46（5）: 1665-1691.

Brennan M J, Subrahmanyam A. 1995. Investment analysis and price formation in securities markets[J]. Journal of Financial Economics, 38（3）: 361-381.

Brennan M J, Subrahmanyam A. 1996. Market microstructure and asset pricing: on the compensation for illiquidity in stock returns[J]. Journal of Financial Economics, 41（3）: 441-464.

Brennan M J, Tamarowski C. 2000. lnvestor relations, liquidity, and stock prices[J]. Journal of Applied Corporate Finance, 12（4）: 26-37.

Brennan M J, Jegadeesh N, Swaminathan B. 1993. Investment analysis and the adjustment of stock prices to common information[J]. Review of Financial Studies, 6（4）: 799-824.

Brown L D. 1997. Analyst forecasting errors: additional evidence[J]. Financial Analysts Journal, 53（6）: 81-88.

Brown L D, G Riahardson D, Schwager S J. 1987. An information interpretation of financial analyst superiority in forecasting earnings[J]. Journal of Accounting Research, 25（1）: 49-67.

Bushman R M, Abbie S. 2003. Transparency, financial accounting information, and corporate governance[J]. FRBNY Economic Policy Review, 9（1）: 65-87.

Bushman R M, Piotroski J D, Smith A J. 2004. What determines corporate transparency? [J]. Journal of Accounting Research, 42（2）: 207-252.

Bushman R M, Piotroski J D, Smith A J. 2005. Insider trading restrictions and analysts' incentives to follow firms[J]. The Journal of Finance, 60（1）: 35-66.

Caplin A, Leahy J. 1994. Business as usual, market crashes, and wisdom after the fact[J]. American Economic Review, 84（3）: 548-565.

Carpenter R E. 2002. Capital market, imperfections hightech investment and new equity financing[J]. Economic Journal, 112（477）: F54- F72.

Carpenter R E, Fazzaris M, Petersen B C. 1994. Inventory investment, internal-finance fluctuations and the business cycle[J]. Brooking Papersin Economic Activity,（2）: 75-138.

Chan K, Hameed A. 2006. Stock price synchronicity and analyst coverage in emerging markets[J]. Journal of Financial Economics, 80（1）: 115-147.

Chaney P K, Lewis C M. 1995. Earnings management and firm valuation under asymmetric information[J]. Journal of Corporate Finance, 1 (3~4): 319-345.

Chang X, Dasgupta S, Hilary G. 2006. Analyst coverage and financing decisions[J]. The Journal of Finance, 61 (6): 3009-3048.

Chen K C W, Yuan H. 2004. Earnings management and capital resource allocation: evidence from China's accounting-based regulation of rights issues[J]. Social Science Electronic Publishing, 79 (3): 645-665.

Chen X, Cheng Q, Lo K. 2010. On the relationship between analyst reports and corporate disclosures: exploring the roles of information discovery and interpretation[J]. Journal of Accounting and Economics, 49 (3): 206-226.

Cheng B, Ioannou I, Serafeim G. 2014. Corporate social responsibility and access to finance[J]. Strategic Management Journal, 35 (1): 1-23.

Chung K H, Jo H. 1996. The impact of security analysts' monitoring and marketing functions on the market value of firms[J]. Journal of Financial and Quantitative Analysis, 31 (4): 493-512.

Chung K H, Mcinish I H, Wood R A, et al. 1995. Production of information, information asymmetry, and the bid-ask spread: empirical evidence from analysts forecasts[J]. Journal of Banking and Finance, 19 (6): 1025-1046.

Cleary S. 1999. The relationship between firm investment and financial status[J]. The Journal of Finance, 54 (2): 673-692.

Cleary S. 2002. International corporate investment and the role of financial constraints[R]. Working Paper.

Cleary S, Povel P, Raith M. 2004. The U-shaped investment curve: theory and evidence[J]. Journal of Financial and Quantitative Analysis, 42 (1): 1-39.

Cook D O, Krigman L, Leach J C. 2001. An analysis of SEC guidelines for executing open market repurchases[J]. Journal of Business, (4): 50-71.

Copeland T E, Galai D. 1983. Information effects on the bid-ask spread[J]. The Journal of Finance, 38 (2): 1457-1460.

Cutler D M, Poterba J M, Summers L H. 1989. What moves stock price?[J]. The Journal of Portfolio Management, 15 (3): 4-12.

Dan G, Lakonishok J. 1979. The information content of financial analysts' forec-asts ofearnings some evidence on semi-strong inefficiency[J]. Journal of Accounting and Economics, 1 (3): 165-185.

Das S, Levin C B, Sivaramakri-shnan K. 1998. Earnings predictability and bias in analysis' earnings forecasts[J]. The Accounting Review, 73 (2): 277-294.

Dasgupta S. 2006. Analyst coverage and financing decisions[J]. The Journal of Finance, 61 (6): 3009-3048.

Daske H, Hail L, Leuz C, et al. 2013. Adopting a label: heterogeneity in the economic consequences around IAS/IFRS adoptions[J]. Journal of Accounting Research, 51 (3): 495-547.

de Long J B, shleifer A, Summers L H, et al. 1989. The size and incidence of the losses from noise trading[J]. The Journal of Finance, 44 (3): 681-696.

de Long J B, Shleifer A, Summers L H, et al. 1990. Noise trader risk in financial markets[J]. Journal of Political Economy, 98 (4): 703-738.

Dechow P M. 1994. Accounting earnings and cash flows as measures of firm performance: the role of accounting accruals[J]. Journal of Accounting and Economics, 18 (1): 3-42.

Dechow P M, Dichev I D. 2002. The quality of accruals and earnings: the role of accrual estimation errors[J]. The Accounting Review, 77 (supplement): 35-59.

Defond M L, Hung M Y. 2004. Investor Protection and corporate governance: evidence from worldwide CEO turnover[J]. Journal of Accounting Research, 42 (2): 269-312.

Demsetz H. 1968. The cost of transaction[J]. Quarterly Journal of Economics, 82 (4): 33-53.

Diamond D W, Verrecchia R E. 1991. Disclosure, liquidity, and the cost of capital[J]. The Journal of Finance, 46 (4): 1325-1359.

Doogar R, Easley R F. 1998. Concentration without differentiation: a new look at the determinants of audit market concentration[J]. Journal of Accounting and Economics, 25 (3): 235-253.

Doukas J A, Pantzalis C. 2005. The two faces of analyst coverage[J]. Financial manageent, 34 (2): 99-125.

Dow J, Gorton G. 1995. Profitable informed trading in a simple general equilib-rium model of asset pricing[J]. Journal of Economic Theory, 67 (2): 327-369.

Dreman D N, Berry M A. 1995. Analyst forecasting errors and implications for security analysis[J]. Financial Analysts Journal, 51 (3): 30-41.

Durnev A, Morck R, Yeung B. 2001. Does firm-specific information in stock prices guide capital allocation?[J]. Working Paper.

Durnev A, Morck R, Yeung B, et al. 2003. Does greater firm-specific return variation mean more or less informed stock pricing[J]. Journal of Accounting Research, 41 (5): 797-836.

Durnev A, Morck R, Yeung B, et al. 2004. Value-enhancing capital budgeting and firm-specific stock return variation[J]. The Journal of Finance, 59 (1): 65-105.

Eames M J, Glover S M. 2003. Earnings predictability and the direction of analysts' earnings forecast errors[J]. The Accounting Review, 78 (3): 707-724.

Easley D, O'Hara M. 2004. Information and the cost of capital[J]. The Journal of Finance, 59 (4): 1553-1583.

Easley D, O'Hara M, Srinivas P S. 1998. Option volume and stock prices: evidence on where informed traders trade[J]. The Journal of Finance, 53 (2): 431-465.

Easton P D, Hariss T S. 1991. Earnings as explanatory variable for returns[J]. Journal of Accounting Research, 29 (1): 19-36.

Eisner R, Nadiri M I. 1968. Investment behavior and neo-classical theory[J]. Review of Economics and Statistics, 50 (3): 369-382.

Eng L, Teo H. 2000. The relation between annual report disclosures, analysts' earnings forecasts and analyst following: evidence from singapore[J]. Pacific Accounting Review, 11 (2): 219-239.

Fama E F. 1970. Efficient capital markets: a review of theory and empirical work[J]. The Journal of Finance, 25 (2): 383-417.

Fama E F, Jensen M C. 1983. Agency problems and residual claims[J]. Journal of Law and Economics, 26 (2): 327-349.

Fama E F, French K R. 1993. Common risk factors in the returns on stocks and bonds[J]. Journal of Financial Economics, 33 (1): 3-56.

Fama E F, French K R. 1997. Industry costs of equity[J]. Journal of Financial Economics, 43 (2): 153-193.

Fan J P H, Wong T J. 2002. Corporate ownership structure and the informativeness of accounting earnings in East Asia[J]. Journal of Accounting and Economics, 33（3）: 401-425.

Fazzari S M, Hubbard R G, Petersen B C, et al. 1988. Financing constraints and corporate investment[J]. Brooking Papers on Economic Activity,（1）: 141-206.

Feltham G A, Ohlson J A. 1995. Valuation and clean surplus accounting for operating and financial activities[J]. Contemporary Accounting Research, 11（2）: 689-731.

Femadez F A. 2001. The role and responsibilities of securities analysts[R]. Securities Industry Association Research Report.

Fernandes N, Ferreira M A. 2008. Does international cross-listing improve the information environment?[J]. Journal of Financial Economics, 88（1）: 216-244.

Fishman M J, Hagerty K M. 1989. Disclosure decisions by firms and the competition for price efficiency[J]. The Journal of finance, 44（3）: 633-646.

Fox M B, Morck R, Yeung B, et al. 2003. Law, share price accuracy, and economic performance: the new evidence[J]. Michigan Law Review, 102（3）: 331-386.

Francis J, Lafond R, Olsson P, et al. 2003. Earnings quality and the pricing effects of earnings patterns[R]. Working Paper.

Francis J, Lafond R, Olsson P, et al. 2004. Costs of equity and earnings attributes[J].The Accounting Review, 79（4）: 967-1010.

Francis J, Lafond R, Olsson P, et al. 2005. The market pricing of accruals quality[J]. Journal of Accounting and Economics, 39（2）: 295-327.

French K R, Roll R. 1986. Stock return variances: the arrival of information and the reaction of traders[J]. Journal of Financial Economics, 17（1）: 5-26.

Frieder L, Martell R. 2006. On capital structure and the liquidity of a firm's Stock[EB/OL]. https:// papers.ssrn.com/sol3/papers.cfm?abstract_id=880421.

Garman M. 1976. Market microstructure[J]. Journal of Financial Economics, 63（3）: 257-275.

Gebhardt W R, Swaminathan B. 2001. Toward an implied cost of capital[J]. Journal of Accounting Research, 39（1）: 135-176.

Gilchrist S, Himmelberg C P. 1995. Evidence on the role of cash flow for investment[J]. Finance and Economics Discussion, 36（3）: 541-572.

Gleason C A, Lee C M C. 2003. Analyst forecast revisions and market price discovery[J]. The Accounting Review, 78（1）: 193-225.

Glosten L R, Milgrom P R. 1985. Bid, ask and transaction prices in a specialist market with heterogeneously informed traders[J]. Journal of Financial Economics, 14（1）: 71-100.

Goergen M, Renneboog L. 2001. Investment policy, internal financing and ownership concentration in the UK[J]. Journal of Corporate Finance, 7（3）: 112-124.

Gomes J F. 2001. Financing investment[J]. American Economic Review, 91（5）: 1263-1285.

Goyal A, Santa-Clara P. 2003. Idiosyncratic risk matters! [J]. The Journal of Finance, 58（3）: 975-1008.

Gregory A. 1997. An examination of the long run performance of UK acquiring firms[J]. Journal of Business Finance and Accounting, 12（1）: 99-125.

Grossman S J, Stiglitz J E. 1980. On the impossibility of informationally efficient markets[J]. The American Economic Review, 70（3）: 393-408.

Guay W R, Kothari S P, Watts R L. 1996. A market-based evaluation of discretionary accrual models[J]. Journal of Accounting Research, 34（supple）: 83-105.

Gugler K. 2003. Corporate governance and investment[J]. International Journal of the Economics of Business, 10（3）: 261-289.

Harris M, Raviv A. 1991. The theory of capital structure[J]. Finance, 46（1）: 297-355.

Harris M, Raviv A. 1993. Differences of opinion make a horse race[J]. The Review of Financial Studies, 6（3）: 473-506.

Haw I M, Qi D, Wu W. 1999. Value relevance of earnings in an emerging capital market: the case of A-Shares in China[J]. Pacific Economic Review, 4（3）: 337-347.

Hayashi F. 1982. Tobin's marginal q and average q: a neoclassical interpretation[J]. Econometrica, 50（1）: 213-224.

Hayek F A. 1945. The use of knowledge in society[J]. The American Economic Review, 35（4）: 519-530.

Healy P M. 1996. Discussion of a market-based evaluation of discretionary accrual models[J]. Journal of Accounting Research, 34（supple）: 107-115.

Healy P M, Hutton A P, Palepu K G. 1999. Stock performance and intermediation changes surrounding sustained increases in disclosure[J]. Contemporary Accounting Research, 16（3）: 485-520.

Helwege J, Liang N. 1996. Is there a pecking order? Evidence from a panel of IPO firms[J]. Journal of Financial Economics, 40（3）: 429-458.

Ho T, Stoll H R. 1981. Optimal dealer pricing under transactions and return uncertainty[J]. Journal of Financial Economics, 9（1）: 47-73.

Hong H, Stein J C. 2003. Differences of opinion, short-sales constraints, and market crashes[J]. Review of Financial Studies, 16（2）: 487-525.

Hong H, Kubik J D, Solomon A. 2000. Security analysts' career concerns and herding of earnings forecasts[J]. Rand Journal of Economics, 31（1）: 121-144.

Hope O K. 2003. Disclosure practices, enforcement of accounting standards, and analysts' forecast accuracy: an international study[J]. Journal of Accounting Research, 41（2）: 273-283.

Hoshi T, Kashyap A, Scharfstein D. 1991. Corporate structure, liquidity, and investment[J]. Quarterly Journal of Economics, 106（1）: 33-60.

Huang Y S, Fu T W, Ke M C. 2002. Daily price limits and stock price behavior: evidence from the Taiwan Stock Exchange[J]. International Review of Economics and Finance, 10（3）: 263-288.

Hubbard R G. 1998. Capital-market imperfections and investment[J]. Journal of Economic Literature, 36（1）: 193-225.

Hughson E, Kang M. 2007. Does information transmission orinformation risk matter? Price efficiency, information asymmetry and the cross-section of expected stock returns[J]. Social Science Electronic Journal, 68（3）: 201-212.

Hutton A P, Marcus A J, Tehranian H. 2009. Opaque financial reports, R2, and crash risk[J]. Journal of Financial Economics, 94（1）: 67-86.

Imhoff E A, Lobo G J. 1992. The effect of ex ante earnings uncertainty on earnings response coefficients[J]. Accounting Review, 67（2）: 427-439.

Irvine P J. 2003. The incremental impact of analyst initiation of coverage[J]. Journal of Financial And Quantitative Analysis, 9（4）, 431-451.

Jarrell A. 1981. The economic effects of federal regulation of the market for new security issues[J]. Journal of Law and Economics, 24（3）: 613-675.

Jensen M C. 1986. Agency costs of free-cash-flow, corporate finance, and takeovers[J]. The American Economic Review, 76（2）: 323-329.

Jensen M C, Meckling W H. 1976. Theory of the firm: managerial bebavior, agency cost and ownership structure[J]. Journal of Financial Economics, 3（4）: 305-360.

Jin L, Myers S. 2006. R^2 around the world: new theory and new tests[J]. Journal of Financial Economics, 79（2）: 257-292.

Jordan J S, Radner R. 1980. Rational expectations in microeconomic models: an overview[J]. Journal of Economic Theory, 26（2）: 201-223.

Jorgenson D W. 1963. Capital theory and investment behavior[J]. American Economic Review, 53（2）: 247-259.

Kandel E, Pearson N D. 1995. Differential interpretation of public signals and trade in speculative markets[J]. Journal of Political Economy, 103（4）: 831-872.

Kaplan S N, Zingales L. 1997. Do investment-cash flow sensitivities provide useful measures of financial constraints?[J]. Quarterly Journal of Economics, 112（1）: 169-215.

Kelly P J. 2005. Information efficiency and firm-specific return variation[J]. Arizona State University Working Paper.

Keskek S, Tse S, Tucker J W. 2014. Analyst information production and the timing of annual earnings forecasts[J]. Review of Accounting Studies, 19（4）: 1504-1531.

Khurana I K, Martin X, Pereria R. 2006. Financial development and the cash flow sensitivity of cash[J]. Journal of Financial and Quantitative Analysis, 41（4）: 787-807.

King B F. 1966. Market and industry factors in stock price behavior[J]. Journal of Business, 39（1）: 112-123.

Koenker R, Bassett G. 1978. Regression quantiles[J]. Econometrica, 46（1）: 33-50.

Kross W, Ro B, Schroeder D. 1990. Earnings expectation: the analysts' information advantage[J]. The Accounting Review, 65（2）: 461-476.

Kyle A S. 1985. Continuous auctions and insider trading[J]. Finance and Stochastics, 53（6）: 1315-1335.

Lang M H, Lins K V, Miller D P. 2003. Discussion of ADRs, analysts, and accuracy: does cross listing in the united states improve a firm's information environment and increase market value?[J]. Journal of Accounting Research, 41（2）: 347-362.

Lang M H, Lins K V, Miller D P. 2004. Concentrated control, analyst following, and valuation: do analysts matter most when investors are protected least?[J]. Journal of Accounting Research, 42（3）: 111-132.

Lang M L, Lundholm R J. 1993. Corporate disclosure policy and analyst behavior[J]. The Accounting Review, 71（4）: 467-493.

Lang M L, Lundholm R J. 1996. Corporate disclosure policy and analyst behavior[J]. The Accounting Review, 71（4）: 467-492.

Lawrence P R, Lorsch J W. 1967. Differentiation and integration in complex organizations[J]. Administrative Science Quarterly, 12（1）: 1-47.

Leuz C, Verrechia R E. 2004. Firms' capital allocation choices, information quality and the cost of capital[R]. University of Pennsylvania Working Paper.

Levine R. 1999. Law, finance, and economic growth[J]. Journal of Financial Intermediation, 8（1~2）:

8-35.

Li H T, Wang J B, Wu C C, et al. 2009. Are liquidity and information risks priced in the treasury bond market?[J]. The Journal of Finance, 64 (1): 467-503.

Lipson M L. 2003. Market microstructure and corporate finance[J]. Journal of Corporate Finance, 9 (4): 377-384.

Lipson M L, Mortal S. 2007. Capital structure decisions and equity market liquidity[R]. Working paper.

Lipson M L, Mortal S. 2009. Liquidity and capital structure[J]. Journal of Financial Markets, 12 (4): 611-644.

Livnat J. 2012. Information interpretation or information discovery: which role of analysts do investors value more?[J]. Review of Accounting Studies, 17 (3): 612-641.

Lobo G J, Mahmoud A A W. 1989. Relationship between differential amounts of prior information and security return variability[J]. Journal of Accounting Research, 27 (1): 116-134.

Loughran T, Schultz P. 2005. Liquidity: urban versus rural firms[J]. Journal of Financial Economics, 78 (2): 341-374.

Lu R C, Wong W K. 2008-04-02. Probability of information-based trading as a pricing factor in Taiwan stock market[EB/OL]. https://papers.ssrn.com/sol3/papers.cfm?abstract_id=1115419.

Lys T, Sohn S. 1990. The association between revisions of financial analysts' earnings forecasts and security-price changes[J]. Journal of Accounting and Economics, 13 (4): 341-363.

Lys T. 1996. Abandoning the transactions-based accounting model: weighing the evidence[J]. Journal of Accounting and Economics, 22 (1~3): 155-175.

Madhavan A. 2000. Market microstructure: a survey[J]. Journal of Financial Markets, 3 (3): 205-258.

Marquardt C A, Wiedman C I. 1998. Voluntary disclosure, information asymmetry, and insider selling through secondary equity offerings[J]. Contemporary Accounting Research, 15 (4): 505-537.

Merton R C. 1987. A simple model of capital market equilibrium with incomplete information[J]. Journal of Finance, 42 (3): 483-510.

Mikhail M B, Walther B R, Willis R H. 1997. Do Security analysts improve their performance with experience?[J]. Journal of Accounting Research, 35 (4): 131-157.

Modigliani F, Miller H. 1958. The cost of capital corporation finance and the theory of investment[J]. The American Economic Review, 48 (3): 261-297.

Morck R, Yeung B, Yu W, et al. 2000. The information content of stock markets: why do emerging markets have synchronous stock price movements? [J]. Journal of Financial Economics, 58 (1): 215-260.

Moshirian F, Ng D, Wu E. 2009. The value of stock analysts' recommendations: evidence from emerging markets[J]. International Review of Financial Analysis, 18 (1~2): 74-83.

Moyer R C, Chatfield R E, Sisneros P M. 1989. Security analyst monitoring activity: agency costs and information demands[J]. Journal of Financial and Quantitative Analysis, 24 (4): 503-512.

Myers S C. 1984. The capital structure puzzle[J]. Finance, 39 (3): 574-592.

Myers S C, Majluf N S. 1984. Corporate financing and investment decisions when firms have information that investors do not have[J]. Journal of Financial Economics, 13 (2): 187-221.

Nathalie D. 1991. Information asymmetry and equity issues[J]. Journal of Financial and Quantitative Analysis, 26 (2): 181-199.

O'Brien P C. 1988. Analysts' forecasts as earnings expectations[J]. Journal of Accountingand Economics, 10（1）: 53-83.
O'Brien P C, Bhushan R. 1990. Analyst Following and Institutional Ownership[J]. The Journal of Accounting Research, 28: 55-76.
O'Hara M. 1995. Market Microstructure Theory[M]. Oxford: Basil Blackwell Publisher.
O'Hara M. 2003. Liquidity and price discovery[J]. Journal of Finance, 58（4）: 1335-1354.
Odean T. 1998. Volume, volatility, price, and profit when all traders are above average[J]. The Journal of Finance, 53（6）: 1887-1934.
Pawlina G, Renneboog L. 2005. Is investment-cash flow sensitivity caused by agency cost or asymmetric information? Evidence from the UK[J]. European Financial Management, 11（4）: 483-513.
Piotroski J D, Roulstone D T. 2004. The influence of analysts, institutional investors, and minsiders on the incorporation of market, industry, and firm-specific information into stock prices[J]. The Accounting Review, 79（4）: 1119-1151.
Porta L, de Silanes F L, Shleifer F, et al. 1997. Legal determinants of external finance[J]. The Journal of Finance, 52（3）: 1131-1150.
Porta L, de Silanes F L, Shleifer F, et al. 2002. Investor protection and corporate valuation[J]. The Journal of Finance, 57（3）: 1147-1170.
Radner R. 1979. Rational expectations equilibrium: generic existence and the information revealed by prices[J]. Econometrica, 47（3）: 655-678.
Riley J. 2001. Equilibrium in sealed high bid auctions[J]. The Review of Economics, 67（3）: 439-454.
Roll B R. 1988. Presidential address: R^2[J]. The Journal of Finance, 43（3）: 541-566.
Romer D. 1993. Rational Asset-price movements without news[J]. American Economic Review, 83（5）: 1112-1130.
Roulstone D T. 2003. Analyst Following and Market Liquidity[J]. Contemporary Accounting Research, 20（3）: 552-578.
Rozeff M S, William Jr K. 1976. Capital market seasonality: the case of stock returns[J]. Journal of Financial Economics, 3（4）: 379-402.
Scholes M, Williams J. 1977. Estimating betas from non- synchron ous data[J]. Journal of Financial Economics, 5（3）: 309-327.
Schutte M, Unlu E. 2009. Do security analysts reduce noise? [J]. Financial Analysts Journal, 65（3）: 40-54.
Scott W R. 2000. Financial Accounting Theory[M]. Englewood: Prentice Hall.
Sen S, Bhattacharya C B. 2001. Does doing good always lead to doing better? Consumer reactions to corporate social responsibility[J]. Journal of Marketing Research, 38（2）: 225-243.
Shleifer A, Vishny R W. 1997. The limits of arbitrage[J]. The Journal of Finance, 52（1）: 35-55.
Shores D. 1990. The association between interim information and security returns surrounding earnings announcements[J]. Journal of Accounting Research, 28（1）: 164-181.
Simon C J. 1989. The effect of the 1933 securities act on investor information and the performance of new issues[J]. American Economic Review, 79（3）: 295-318.
Skaife H A, Gassen J, Lafond R. 2005. Does stock price synchronicity reflect information or noise? The international evidence[J]. Social Science Electronic Publishing, 44（3）: 118-121.
Skinner D J. 1990. Options markets and the information content of accounting earnings releases[J].

Journal of Accounting and Economics, 13（3）: 191-211.
Spence M. 1973. Job market signaling[J]. Quarterly Journal of Economics, 87（3）: 355-374.
Stickel S E. 1991. Common stock returns surrounding earning forecast revisions: more puzzling evidence[J]. The Accounting Review, 66（2）: 402-416.
Stigler G J. 1961. The Economics of Information[J]. Journal of Political Economy, 69（3）: 213-225.
Stigler G J. 1964. Public regulation of the securities markets[J]. Journal of Business, 37（2）: 117-122.
Stoll H R. 1978. The supply of dealer services in securities markets[J]. The Journal of Finance, 33（4）: 1133-1151.
Stoll H R. 1983. The dynamics of dealer markets under competition[J]. The Journal of Finance, 38（4）: 1053-1074.
Subramanyam K R. 1996. The pricing of discretionary Accruals[J]. Journal of Accounting and Economics, 22（1~3）: 249-281.
Tamjura H. 2002. Individual analyst characteristics and forecast error[J]. Financial Analysts Journal, 58（4）: 28-35.
Vogt S C. 1994. The cash flow-investment relationship: evidence from US manufacturing firms[J]. Financial Management, 23（2）: 3-20.
Vogt S C. 1997. Cash flow and capital spending: evidence from capital expenditure announcements[J]. Financial Managemant, 26（2）: 44-57.
Wang J. 1993. A model of intertemporal asset prices under asymmetric information[J]. Review of Economic Studies, 60（2）: 249-282.
Wei S X, Zhang C. 2006. Why did individual stocks become more volatile[J]. Journal of Business, 79（1）: 259-292.
Welke M. 1995. Disclosure policy, information asymmetry and liquidity in equity markets[J]. Contemporary Accounting Research, 11（2）: 801-827.
Weston J, Grullon G, Butler A W. 2002-11-25. Stock market liquidity and the cost of raising capital[EB/OL]. https://papers.ssrn.com/sol3/papers.cfm?abstract_id=354720.
White H. 1980. A heteroskedasticity-consistent covariance matrix estimator and a direct testfor heteroskedasticity[J]. Econometrica, 48（4）: 817-838.
Wiedman C I, Marquardt C A. 1998. Voluntary disclosure, information asymmetry, and insider selling through secondary equity offerings[J]. Contemporary Accounting Research, 15（4）: 505-537.
Womack K L. 1996. Do brokerage analysts' recommendations have investment value?[J]. The Journal of Finance, 51（1）: 137-167.
Wurgler J. 2000. Financial markets and the allocation of capital[J]. Journal of Financial Economics, 58（1）: 187-214.
Yohn T L. 1998. Information asymmetry around earnings announcements[J]. Review of Quantitative Finance and Accounting, 11（2）: 165-182.
Yu F. 2005. Accounting transparency and the term structure of credit spreads[J]. Journal of Financial Economics, 75（1）: 53-84.
Yu M N. 2009. Analyst forecast properties, analyst following and governance disclosures: a global perspective[J]. Journal of International Accounting, Auditing and Taxation, 19（1）: 212-242.
Yuan K. 2005. Asymmetric price movements and borrowing constraints: a rational expectations equilibrium model of crises, contagion, and confusion[J]. The Journal of Finance, 60（1）: 379-411.

后　　记

　　掩卷伏案，迟迟不能弃笔，似有噎咽之语未尽吐之。我知道，那是久抑于心中的感激。三年的光阴，弹指一挥间，只留下对时光飞逝的感慨。回首过去的点点滴滴，曾意气风发，也曾迷茫徘徊；曾拥有晴空万里的灿烂，也曾有过阴雨绵绵的茫然。

　　本书选题的痛苦经历，至今记忆犹新。一次又一次的貌似肯定直至最终的否定，使我每一次都接近崩溃的边缘。而此时，我的导师——西南财经大学的杨丹教授（现任副校长），其循循善诱的启发就像是一盏明灯，给我点亮了前行的路。许多不成熟的思路在一次又一次的学术讨论会上变得越来越丰满，导师鼓励育人式的教导方式使我敢于不断地接受新的挑战。能够成为恩师的学生，何其幸运！短暂的三年时光，无时无刻不感受着恩师身上大师级的风范与品质——亲和中孕育着智慧，幽默中不乏严肃。每一次的学术交流，我都能感受到恩师身上不凡的学识与充沛的精力。除了敏锐的学术直觉外，鼓励引导式的育人理念、宽容豁达的胸怀无不展现恩师超凡的人格魅力。

　　一位好老师，可以影响学生的一生。恩师的殷切教诲生动地诠释了这一切。闪亮的学术思想、坦荡的做人准则及巧妙的处事风格将是我一生要学的功课。除了学习之外，恩师在工作中也给予我莫大的关心与帮助，只言片语难以尽述感激之情。天涯海角有尽处，唯有师恩无穷期！

　　在我心中，始终不会忘记的是华盛顿州立大学的 Bernie 教授，这位对中国文化有着浓厚兴趣的美国教授深深地影响了我。他让我真正了解了行为会计研究的方法，让我第一次系统地学习了行为会计研究的最新进展。感谢原任职美国纽约城市大学、现任职厦门大学的叶建明教授给予我的指导与帮助！感谢叶教授将我引入了实证研究的学术之路，叶教授的每一堂课都让我深深折服。

　　怀念永远的舍友。虽已远航，愿天堂不再有痛苦。那些曾经的欢歌笑语、无数次的探讨交流……一幅幅温馨的画面将永远留存在我的记忆中。

　　当然，我还要感谢优秀的同学及同事们对我学习上的帮助，感谢西南财经大学会计学院对我的培养，也感谢带给我像家一样温暖的现任职单位西南大学经济管理学院！感谢张应良副院长的辛苦付出，本书能够顺利出版离不开张院长的辛苦付出，感恩能够遇到如此敬业的好领导，再次感谢张院长给予的大力支持！

感谢一直默默支持我的爱人。每天一个嘘寒问暖的电话，无数个"归期在何时"的短信幸福地伴随着我的奋斗生涯，看似平淡的举动却很温暖，多年的学术之旅带给我的远远不止知识，更有对生活的感悟。人来人往的繁华世界中，又有多少人在追求着莫名的幸福，而实际上幸福往往就在身边——我把学习中收获的这份爱的礼物送给为我无限付出的家人。

一路走来，所幸有良师的点拨与指导、朋友及亲人的陪伴，生活因此而精彩。聊以此文，以一颗感恩的心衷心感谢那些曾给予我关心和帮助的人，并以此纪念难忘的学习苦旅生涯。